Talal EL Qoraichi, Coach / Stratège en Leadership et développement Humain, Médiateur en entreprise, Coach de politiciens et de dirigeants, il est aussi conférencier en développement personnel, fondateur du programme Coaching Intelligence Academy et la «Méthode Quasar».

Il a pu aussi donner naissance à « Agenda Coaching » en 2019 et « j'irai provoquer la tempête » en 2020 aux Éditions-Vie.

Talal EL Qoraichi : Coach, Stratège en Leadership et Développement Humain.

DEDICACES

A ma très chère mère, vous nous donnez la tendresse et le courage pour réussir. Ma merveilleuse mère qui a toujours cru en moi et en l'aboutissement de mes efforts, je te dédie ce modeste travail pour te remercier pour tes sacrifices et pour l'affection que tu m'as donnée.

A mon père, lorsque nous avons besoin d'une personne digne de notre estime et de notre respect. Aucune dédicace ne saurait exprimer mes sentiments. A mon père digne de considération, père qui a fait preuve d'altruisme. Que Dieu le tout puissant vous préserve et vous procure santé et longue vie.

A mes frères et sœurs proches de mon cœur, vous étiez toujours l'épaule solide, l'oreille attentive compréhensive votre amour, votre aide et votre confiance m'ont été d'un grand soutien, Que ce travail soit pour vous l'expression de ma gratitude et de toute mon affection.

Je dédie également ce travail à toute ma famille, à mes amis et à tous ceux que j'aime et qui m'ont soutenu durant mon cursus.

REMERCIMENTS

Mes vils remerciements à une perle très rare, ma chère amie Mlle Touria Mouqqadem, pour son encouragement, son attention et son soutient qui me comblent au quotidien tout au long de ce travail. Je t'offre ce modeste travail pour te remercier pour cette amitié et pour l'aide que tu m'as donnée.

Au corps professoral de Psychologie cognitive. Aucune dédicace ne pourrait assez exprimer ma gratitude et mon profond respect à mes chers professeurs pour tous les efforts qu'ils ont déployé tout au long de ces années pour nous assurer une formation assez complète que possible.

Je tiens à remercier les aimables personnes (Adil KHADDAOUI et Imane EL HADRAOUI) qui m'ont aidé de près ou de loin à la réalisation de ce travail.

A l'issue de cette agréable année de Psychologie à l'université IBNTOFAIL, j'adresse des remerciements particuliers à toutes personnes qui ont soutenus la filière PSYCHOLOGIE pour le dynamisme de ce département d'études, et à toute l'équipe enseignante pour leur efficacité et pour la qualité de l'enseignement qui nous a été dispensé.

1- Pas de larmes à ma mort :

Je suis **Talal El Qoraichi**, né à **Kénitra**, au **Maroc** en **1984** et issu d'une famille modeste. Après la séparation de mes parents, mes grands-parents m'ont accueilli et choyé. Une osmose se créa avec mon grand-père, ce grand homme à qui je dois mon **éducation**, mais surtout avec ma grand-mère, cette **femme de caractère**, forte mais loin d'être insensible. **« Ne verses pas de larmes à ma mort »**, ses mots raisonnent encore dans ma tête. C'est très certainement de là que je puise toute ma **force** et mon **énergie**. **Je lui rends hommage à travers ces lignes** car elle m'a appris à **ne jamais baisser les bras**. A cet égard, je voudrai également remercier la vie qui a fait de moi ce que je suis aujourd'hui, un **homme rationnel**. Elle m'a enseigné que l'échec n'est pas de tomber mais de tomber sans pouvoir se relever.

2- Le système scolaire :

Après une **scolarité chaotique**, je fus **renvoyé de l'école sans diplôme en poche**, je pourrais actuellement m'identifier au grand comédien français « **Fabrice Lucchini** » qui a été viré à l'âge de 13ans du monde scolaire, pour se jeter dans la gueule de la misère qui a fait de lui, un comédien hors pair. Sans le bac en poche, je me suis senti humilié. Comme un malheur ne vient jamais seul, je perdis mon grand-père la même année. Il nous quitta après un tragique accident de la voie publique. Atteint de **la maladie d'Alzheimer**, il se perdait et errait dans la rue, des jours durant jusqu'au jour où il fut renversé par un camion. Il fut laissé dans une morgue où **nous avons pu l'identifier uniquement à ses vêtements**, autrement il était **méconnaissable**. Je n'ai pas capitulé pour autant, j'ai essayé de faire le vide dans ma tête, puis j'ai repris mes études **en travaillant d'arrache   pieds**.

Mes efforts n'ont pas été vains, ils furent récompensés. **Le baccalauréat en poche,** je décollai vers un autre horizon, **direction l'Allemagne pour poursuivre mes études.**

3- La vie n'est pas un fleuve tranquille :

L'appel de la famille se fait sentir. **L'été 2008,** je décide de rendre visite à une jeune **demi-sœur** que je n'avais jamais vue jusque-là. Elle habitait en **France.** Lors de mon séjour chez elle je fis la connaissance de celle qui fit **battre mon cœur,** Séverine. **Nous tombâmes éperdument amoureux l'un de l'autre et nous filâmes le parfait amour.** Mais, lors des vacances au Maroc, **un terrible accident assombrit à nouveau mon existence,** elle devint paraplégique. Ma vie n'est pas un fleuve tranquille, je me devais de la soutenir et lui prouver mon amour, je lui avais promis de l'épouser.

4- Un mariage au service de la réanimation en France :

Séverine fut hospitalisée durant de longs mois au service de réanimation, je ne voulais pas l'abandonner.

De retour au Maroc, mon visa étudiant allemand ne me permettait pas de la rejoindre en France, où elle a été rapatriée. Elle réclama auprès des autorités de son pays afin de me procurer un visa pour pouvoir l'accompagner, on me l'accorda.

Une fois en France, **j'ai tenu ma promesse je l'épousai dans un service réanimation,** malgré les intempéries climatiques et malgré les réticences du maire qui finit par se prêter au jeu. **Il neigeait ce jour-là, les rues de Marseille étaient bloquées** mais cela ne nous a pas empêché de nous dire **"Oui".**

5- La bataille :

Malgré cette victoire, **il a fallu que je me batte encore et encore** pour pouvoir rester sur le territoire français, mon visa n'était que provisoire, et la guérison de Séverine dépendait en grande partie de ma présence, rebelote…. Ma quête pour obtenir cette fameuse carte de séjour, avec tout ce que cela impliquait, je devais rester auprès de mon épouse. Après plusieurs demandes rejetées, **j'ai dû faire appel aux médias et des associations afin de parler de mon histoire.**

J'ai enfin pu obtenir ma carte de séjour après l'intervention de FR3. **Ma persévérance s'est avérée payante.**

6- Déception et perte:

Je pensais à présent que j'allais être heureux et que rien ne pouvait m'atteindre, mais la vie m'apprendra qu'elle avait plus d'un tour dans son sac.

Ce matin du Janvier 2011, ma mère m'appela pour m'annoncer le **suicide de mon meilleur ami,** je dus dépité. **la même année, cette dame au grand cœur, ma grand-mère nous quitta,** mon monde devint noir. comme si cela ne suffisait pas, les problèmes s'acculèrent, **mon couple battait de l'aile,** rien n'allait plus.

Mon amour s'était éteint. **La vie m'avait repris ce qu'elle m'avait offert quelques années auparavant.**

7- Mon expérience dans l'armée française :

Après cet échec conjugal et la perte de deux êtres qui m'étaient chers, **ma douleur était incommensurable.** J'ai essayé de noyer mon chagrin dans l'alcool, j'ai consulté des psychologues afin de m'aider à me relever mais en vain. **Je voulais affronter celle qui m'a tout pris, la mort.** Je m'engageai alors dans l'armée française.

Je pensais y trouver des réponses ou du moins une certaine satisfaction, mais j'étais très loin du compte. Je me rendis compte que ce n'était pas pour moi.

L'armée n'était pas faite pour moi ou du moins je n'étais pas fait pour elle, j'avais du mal à m'y habituer. **Je n'arrivais pas à me plier à des ordres, être traité tel un chien et me taire face à certaines injustices. Je me suis alors rebellé et mon contrat fut rompu.** Me revoilà à la case départ.

8- Retour au Maroc :

De retour au bercail **en 2013, j'apprends que mon père avait eu un AVC foudroyant qui avait paralysé une grande partie de son corps.** Je devais rester auprès de lui et l'accompagner. Après de longs mois de patience, de combat, d'amour et de force d'esprit, nous vîmes enfin le bout du tunnel, sa paralysie diminua. **Sa guérison était notre victoire, ma victoire. La vie me rappela encore une fois que je ne devais pas baisser les bras, tant qu'il y a de la vie, il y a de l'espoir.**

9- Le printemps arabe :

Dans mon modeste parcours professionnel je me découvris petit à petit des talents d'excellent vendeur et de négociateur. **Je faisais sauter les ventes des entreprises** où je travaillais et cela me faisait jubiler, à chaque contrat vendu ou affaires conclues. **Je me sentais fort et j'avais de plus en plus confiance en moi.** Après plusieurs expériences, **je décidai de me lancer dans mon propre projet.**

L'artisanat marocain est riche et varié, je décidai de le promouvoir en Tunisie où nous avions des similitudes dans certains articles mais notre travail était plus fin, nous avions plus de choix, de plus belles variétés d'article. je le propose dans ce pays voisin, le tourisme y était bien développé, cela commençait à bien marcher. Malheureusement, **le printemps arabe pointa le bout de son nez** et coula tout ce que j'avais entrepris, **mon empire s'est effondré en un claquement de doigts.** Retour à la case départ. **Je ne capitule pas, je bombe le torse comme un vaillant guerrier,** je repars encore et encore pour me projeter dans cette arène tel un taureau de corrida, je me bats pour m'en sortir !

10- Caresser le succès :

Cette fois j'y crois dur comme fer, ce projet sera le projet de ma réussite, **je créai avec un cofondateur un site de relation entre fournisseurs de services et particuliers,** cela sera le jackpot, je le sentais, même la radio et la télévision y croyaient, leurs coups de pouces, ne pouvaient que nous projeter en haut de la fiche. Mais un " **Petit grain de sable** " **fait tout foirer,** encore une fois de trop, **ces expériences faisaient naître en moi un sentiment de malaise qui m'empêchait de mener ma vie comme je l'entendais.**

11- L'importance d'avoir une équipe gagnante :

Le choix de ses collaborateurs en est primordial pour l'aboutissement d'une structure dynamique et solide. Savoir s'entourer de bons éléments, se rappeler qu'il ne faut pas toujours réagir avec le cœur mais plutôt avec la logique d'un chef de troupe, un leader doit savoir trancher malgré tout!

De là je décidai de connaître d'avantage la nature humaine, je repris mes études en optant pour la psychologie cognitive, je voulais m'aider en premier mais je voulais également aider les gens, surtout cette population de jeunes paumés qui a besoin d'un leader pour les réveiller, en leur criant, aide toi et le ciel t'aidera certes mais voilà ce que je fais :

12- Ma plus belle destination :

Sigmund Freud, Max Weber, Burrhus Frederic Skinner, Aaron Beck et compagnie sont mes livres de chevet, mes expériences professionnelles et personnelles me donnent matière à la réflexion sur comment aider le prochain cas, ma mission est claire, il faut que mes vécus et mes études servent à quelques chose. Etudes de psychologie cognitive à l'université IBNTOFAIL de Kénitra / Maroc, je me suis dirigé vers le coaching et ma nouvelle méthode "Quasar" je la prépare soigneusement, je peaufine, je la mûrie, je la propose enfin, sous forme de livres et de programmes vidéos YouTube. Des milliers de personnes me suivent, les réseaux sociaux me propagent également, je dois alors préparer un agenda puissant, un agenda différent des autres, des outils puissants pour votre organisation de vie personnelle et professionnelle. Je propose mon "Agenda Coaching" et ma nouvelle méthode de coaching à échelle mondiale, Fnac, Amazon, j'aime aider les autres car cela me fait du bien et je le fais minutieusement !

13- J'irai provoquer la tempête :

La vie ne m'a pas fait de cadeaux mais je l'en remercie, **rien ne m'a été mis sur un plateau**, mais j'en suis fier, **aujourd'hui ma réussite je la mets à votre profit, mon** enseignement en **psychologie**, mes grandes études universitaires, mes études de coaching, **ma « Méthode Quasar »**, je vous les offre. Il n'y a pas meilleur sentiment que de se savoir utile pour son prochain, **mes stratégies sont là**, elles sont pour vous, **pour vous sortir haut la main**, dans la vie tout simplement! La soif d'aller plus loin et voir plus grand !

" **83%** de nos clients
l'ont déjà commandé "

LE LIVRE QUI FAIT

TREMBLER

LA PROCRASTINATION

Contrat d'engagement

Je soussigné(e), ..., m'engage au plus profond de moi à me connecter à moi-même chaque jour, ainsi écrire mes objectifs et les suivre chaque jours.

Je m'engage aussi à me prendre en main, à utiliser la « Méthode Quasar » de Mr. Talal EL Qoraichi et à travailler avec mon « Agenda Coaching » durant 1 mois à venir.

Je décide de suivre cette année avec rigueur dans l'unique but de devenir la meilleure version de moi-même.

Signature :   ....

Coaching "Méthode Quasar"

La méthode Quasar vous donnera l'envie de passer à la vitesse supérieure et vous accompagne étape par étape pour trouver votre mission de vie, que ce soit pour vos projets personnels ou professionnels. Elle vous donne les outils pour y arriver et **vous pousse à l'action pour vaincre la peur et la procrastination.** Cette méthode vous apprend aussi à être plus efficace dans ce que vous faites chaque jour, **pour améliorer la qualité de votre vie, gérer votre temps, vos relations et vos affaires.**

Le programme "Quasar" est un programme d'auto-coaching
qui vous aide à améliorer votre quotidien
et favoriser la réussite de vos objectifs !

Talal EL Qoraichi : Coach, Stratège en Leadership et Développement Humain.

" Chaque mois des milliers de personnes visitent notre plateforme et adhèrent au programme Quasar "

Formation en Or !

Aimez vos clients plus que vos produits ! ☺

Ce module est un aperçu de ce qui vous sera expliqué en détail dans le cours complet. Une fois inscrit, vous pourrez directement poser vos questions à Talal EL Qoraichi. Il vous aidera à avancer dans votre formation et à obtenir une certification reconnu.

Merci de nous rejoindre pour ce temps fort et bon Coaching ! ☺

Le programme Quasar permet d'en savoir davantage sur le fonctionnement humain.

Savez-vous **ce qui peut vous donner l'énergie** de traverser cette période ? **La méthode Quasar,** bien évidemment ! C'est pourquoi **c'est le moment idéal pour vous former** avec des centaines d'autres étudiants ambitieux qui veulent également réaliser leurs rêves.

Ce cours de la méthode Quasar (Pratico-pratique) se veut concret tout en abordant des notions théoriques de base incontournables. C'est au travers de la communication, du conditionnement, du conformisme et de la soumission à l'autorité que la relation à l'autre est abordée.

MUNISSEZ-VOUS
D'UNE PETITE BOUTEILLE D'EAU
DURANT LA SESSION

BUVEZ
RÉGULIÈREMENT

www.nou-nou.net

En espérant que vous trouverez le contenu de ce cours intéressant et que vous vous enrichirez grâce à celui-ci.

Savoir s'entourer :

Les bonnes personnes sont la clé d'une réussite à long terme.

Il est essentiel de savoir s'entourer, d'avoir confiance en vos partenaires pour avancer au quotidien.

Si vous êtes la personne la plus intelligente de la pièce vous n'avez rien compris à la réussite.

Un bon leader sait s'entourer de partenaires plus intelligents et plus expérimentés que lui.

La vie est trop courte pour mal s'entourer..

Chaque jour, nous sommes tellement sollicités par les urgences et les demandes des autres, que nous en perdons souvent nos objectifs.

Sans un effort stratégique pour choisir notre cap et ne pas nous en détourner, nous nous retrouvons à vivre constamment en réaction aux demandes du "bruit" environnemental.

Peut-être vivez-vous ce type de situation ?

L'environnement

Accepter l'extérieur

Incertitude

Vous devenez votre environnement.
Il est temps de faire le ménage...
L'environnement a le pouvoir de vous élever ou de vous détruire.

Vous avez besoin de renouveau et d'un environnement qui va vous porter vers votre plein potentiel

Si vous sortez en extérieur, l'environnement va influer votre humeur, stress, et la sécrétion des hormones liées.

Ne laissez pas l'environnement extérieur vous isoler mentalement.

Il est aussi meilleur pour votre santé de pratiquer de l'exercice dans un cadre verdoyant plutôt qu'à l'intérieur !

Les personnes Toxiques : à fuir !

Pour être heureux dans la vie, il est important d'entretenir de bonnes relations avec son entourage, à commencer par sa famille ou ses amis. Cependant, même des gens proches de vous peuvent avoir une mauvaise influence ou une mauvaise énergie.

Les personnes toxiques sont une réelle difficulté dans la vie de tous les jours : ce sont des personnes de votre entourage, que vous connaissez souvent depuis longtemps et à qui vous avez parfois tout donné.

Ce sont des personnes qui influencent négativement votre vie, que vous en ayez conscience ou non. Cependant, même quand vous en prenez conscience, il n'est pas facile de franchir le pas et de s'en séparer.

Les personnes toxiques sont des personnes jalouses, anxieuses, négatives, avec qui la discussion ne mènera nulle part.

Les personnes toxiques sont plus courantes qu'il n'y paraît : si tout le monde semble vous vouloir du bien, c'est qu'il y a un problème.

Ces personnes existent dans votre quotidien, que ce soit au travail, au supermarché ou même, dans votre cercle d'amis proches.

C'est pourquoi il est souvent difficile de se libérer de la pression des personnes toxiques, parce qu'elles partagent le même environnement que vous.

Faites en sorte de vous éloigner de personnes toxiques qui vampirisent votre énergie.
L'une des premières étapes pour pouvoir vous libérer d'une personne toxique, c'est d'identifier son emprise.

Pour cela, vous devez être à l'affût de petits signes qui ne trompent pas : état d'esprit, comportement ou personnalité, attitude vis-à-vis de vous, de vos projets, de vos réussites ou échecs...

Les personnes toxiques sont souvent très négatives et pessimistes. Il est important d'apprendre à vous protéger en période de crise.

C'est un fléau qui nous afflige au quotidien et peut, sans qu'on le sache, impacter notre vie : la négativité.

Certaines personnes sont ostensiblement négatives et l'assument totalement, d'autres ne s'en rendent pas compte. Pourtant, les personnes négatives sont souvent des personnes toxiques, qui ne parviennent que rarement à concrétiser leurs objectifs de vie.

Fuyez les "blablateurs", cette catégorie de gens toxiques qui va constamment s'occuper des autres (et pas dans le bon sens).

Apprenez à repousser les individus toxiques et nuisibles pour votre réussite.

"Le juge vous coupe de votre spontanéité"

C'est quelqu'un qui prend plaisir à vous faire sentir mal dans tout ce que vous faites. Alors fuyez cette catégorie de personnes toxiques !

Pour cela, vous devez vous affirmer et prendre confiance en vous. Cela passe premièrement par l'affirmation de soi. Vous devez affirmer vos idées avec conviction et savoir dire Non

Cette année, affirmez-vous et reprenez le contrôle de votre vie !

5 Types de personnes dont il faut s'entourer ! ☺

1. Le motivé.

2. L'inspiré.

3. Le passionné.

4. Le reconnaissant.

5. L'ouvert d'esprit.

Les types de personnes à éviter :

Eloignez-vous des gens qui :

1-   Vous mentent.

2-   Vous manquent de respect.

3-   Vous utilisent.

4-   Vous rabaissent.

Agit sans réfléchir

Personne qui

Réfléchit sans agir

«Mauvaise émotion = mauvaise décision»

La qualité de notre vie est égale à la qualité de nos émotions.

Il est normal d'avoir des hauts et des bas dans une journée.

C'est souvent lié à notre façon de gérer notre énergie.

Les pires moments où on a pris les pires décisions, c'est rarement quand on est plein d'énergie.

Au contraire, les moments où on prend de mauvaises décisions, c'est souvent quand on est dans de mauvaises émotions.

80% de votre réussite personnelle ou professionnelle est liée à votre psychologie. Pour vous accompagner dans cette démarche, la méthode Quasar vous rappelle l'importance de passer massivement à l'action.

"Les excuses provoquent la peur de l'échec. Ce n'est pas parce que les choses sont difficiles que nous n'osons pas. Mais, parce que nous n'osons pas qu'elles sont difficiles."

Stop aux excuses !

"84% des nouveaux millionnaires n'ont pas de diplômes et n'ont pas d'héritage".

Nous connaissons tous des personnes qui pratiquent le « rejet automatique ».
Faites-vous partie de ces personnes ? Avez-vous le sentiment de rejeter la faute sur les autres, de vous trouver des excuses ?

"On a tendance à utiliser comme excuses les erreurs passées et on les laisse nous utiliser"
Plus ce rejet est important, plus les souffrances internes sont grandes.

Arrêtez de vous trouver des excuses ! Surtout lorsque c'est automatique...
Cela ne vous rend pas service car vous dites à votre cerveau que vous n'êtes responsable de rien et qu'en clair, vous ne maîtriser pas votre vie.

Et vous quelles sont vos excuses pour vivre votre réussite ?
Quels sont vos freins à votre réussite?
Vous vous répétez les mêmes excuses depuis 20 ans ?

Soyez inspirant, créatif et passez à l'action.

Talal EL Qoraichi : Coach, Stratège en Leadership et Développement Humain.

Le passage à l'action :

Avoir le temps pour faire ce que vous aimez dans la vie n'a pas de prix.

Peu importe votre vision du bonheur ou de la réussite, ce qui compte vraiment c'est de passer à l'action et de ne jamais oublier pourquoi vous l'avez fait.

On peut avoir tout ce que l'on veut dans la vie mais en payant le prix maintenant.

Le vrai pouvoir de l'être humain est simple : il s'agit de passer à l'action.

Ce pouvoir est illimité et il ne tient qu'à vous de l'activer.

Pour agir dans sa vie, il est important de savoir ce que vous souhaitez, afin de vous donner une ligne de conduite. Nous pouvons tous passer à l'action petit à petit et réussir dans tous nos projets.

C'est en acceptant que l'action doit faire partie de votre vie que vous en ferez votre mantra pour atteindre vos objectifs.

Mettez-vous en action dès maintenant, sans attendre !

Méthode V.C.A : Volonté / Courage / Action

Manque de clarté :

- S'auto-saboter – Se juger - Se rabaisser
- Se comparer aux autres – Se victimiser ..

Les meilleurs moments, les plus beaux succès et les relations les plus enrichissantes se trouvent de l'autre côté de votre barrière mentale.

C'est cette barrière imaginaire qui vous retient et qui fait que vous n'arrivez pas à passer à l'action alors que vous savez pertinemment qu'il le faudrait.

Arrêtez d'attendre !!

Il y a tellement de gens qui ont besoin de votre aide. Il est temps de passer à l'action et de leur proposer votre expertise ou vos produits afin d'augmenter vos revenus.

Si vous voulez passer au niveau supérieur, vous ne pouvez pas agir comme tout le monde. Vous ne pouvez pas choisir la moyenne et la conformité.

Que se passerait-il si dès demain vous pouviez supprimer la plupart des craintes qui vous empêchent d'avancer, si vous pouviez surmonter vos vieilles habitudes et les croyances limitantes qui vous empêchent d'accepter le risque et de passer à l'action ?

La distance entre nos rêves et la réalité s'appelle

"l'action"

Ne pas confondre :

+ Ce qui est difficile ⇑

– Ce qui est impossible ⇓

Vous avez 2 options :

+ Le faire maintenant ⇑

– Le regretter plus tard ⇓

La valeur = Passer à l'action !

"Le courage c'est de faire les choses qui nous font peur."

"Il faut vivre avec le courage d'essayer et non avec la peur de ne pas y arriver."

Le courage

Faire les choses qui nous font **peur**

Les peurs sont une source d'angoisse et constituent un obstacle dans votre vie : elles vous paralysent et vous empêchent d'agir, mais aussi de vous développer personnellement.

Une équipe de chercheurs et de psychologues a découvert que le type de peur qui nous retient dans la vie se manifeste de sept manières différentes. Cela porte le nom « d'archétypes de la peur ».

La plupart d'entre nous a au moins un archétype dominant qui nous affecte plus que les autres et qui se répercute dans notre vie de manière plus visible.

En identifiant ce qui vous retient, vous serez en mesure d'apporter les changements nécessaires pour affronter vos peurs et continuer d'avancer sans crainte.

La peur est un sentiment humain et nous l'éprouvons tous un jour ou l'autre dans notre vie. Cependant, il faut connaître et accepter le type de peur que nous portions pour arriver à la surmonter.

N'ayez plus peur de la réussite à cause des blocages extérieurs car vous valez mieux que ça.
N'oubliez jamais ce conseil.

Si vous voulez développer votre carrière et vos affaires :

Cessez de penser que c'est plus facile pour les autres !
"Chaque personne que vous croisez mène un combat dont vous ignorez l'existence"

Vous devez rester engagé à 200% même quand vous avez réussi à avoir tout ce que vous souhaitiez. C'est la partie la plus difficile.

Vous avez besoin de stratégies pour rester au top.
Vous n'avez pas d'excuses pour performer cette année.

Comment je me sens?

Comment les autres me regardent ?

Talal EL Qoraichi : Coach, Stratège en Leadership et Développement Humain.

"Repoussez vos limites, osez sortir de votre zone de confort."

La base de la procrastination est la peur de l'échec.

Une façon de surmonter la peur est la thérapie d'exposition qui vous expose progressivement à ce que vous craignez dans un environnement sûr.

La clé n'est pas de sortir de votre zone de confort, mais d'étirer votre zone de confort.

Commencez par quelque chose que vous pouvez faire qui n'est que légèrement inconfortable.

Construisez à partir de là et vous gagnerez de plus en plus confiance et vous.

Il existe des milliards de façons de réussir sa vie, mais s'il existe une façon assurément de rater sa vie, c'est de vouloir plaire à tout le monde. Quand on est dans sa zone de confort, on veut plaire à tout le monde.

Sortir de cette zone de confort, c'est se donner les moyens de ne plus craindre l'inconnu, dépasser la peur du jugement ou de l'échec, et tenter de nouvelles expériences pour s'épanouir.

Talal EL Qoraichi : Coach, Stratège en Leadership et Développement Humain.

Découvrez les 3 zones qui viennent contrôler votre vie :

- Zone de connaissance
- Zone de croissance
- Zone de confusion

Dans quelle zone de votre vie êtes-vous en ce moment ?

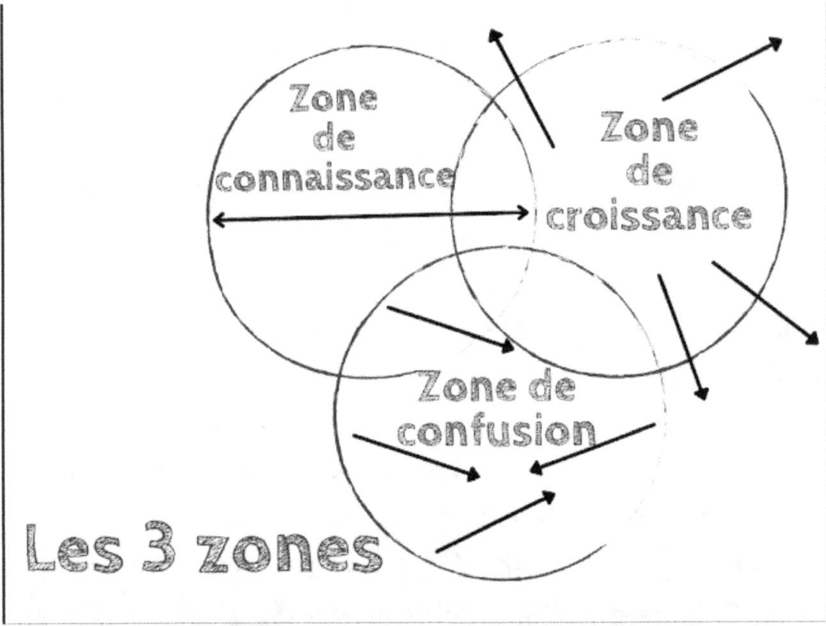

Zone de confort : état psychologique dans lequel on se sent à l'aise, en sécurité. Dans cette zone, on entretient des habitudes, une routine, on évite tout changement et nouveau comportement pour garder le contrôle, limiter stress et anxiété.

Talal EL Qoraichi : Coach, Stratège en Leadership et Développement Humain.

Voici 5 prix à payer pour réussir votre année

1- Renoncez à la sécurité, prenez des risques et sortez de votre zone de confort.

2- Renoncez à la gratification immédiate car c'est la somme de vos efforts au quotidien qui paiera.

3- Abandonnez la vie rapide et ne vous découragez jamais.

4- Renoncez au confort immédiat car c'est celui de demain que vous devez atteindre.

5- Abandonnez l'addition par la multiplication en investissant dans les autres.

« On attend toujours un immense confort et une immense sécurité. ». Mais c'est très souvent en sortant de votre zone de confort que vous deviendrez la personne que vous devez être.

Ne laissez pas passer des opportunités pour privilégier un confort éphémère.
Pour changer de vie, vous devez sortir de votre zone de confort.

Prendre la décision de changer de vie nécessite de sortir de votre zone de confort. En êtes-vous capable?
Ayez l'ambition d'avoir plus pour vous et vos proches.
Cette année, c'est votre année !

Talal EL Qoraïchi : Coach, Stratège en Leadership et Développement Humain.

La concentration !

La concentration est une compétence trop facilement mise de côté.

Dans la société actuelle nous vantons les louanges du multitâche, où les appareils dotés de nombreuses fonctions sont toujours considérés comme supérieurs, et où la capacité de travailler de n'importe où est mise en valeur.

Se concentrer sur :

+ Ce qu'on peut contrôler ⇑

(croyances, attitudes, célébrer victoires..)

– Ce qu'on ne peut pas contrôler ⇓

2 façons de penser :

Penser à la résolution du problème

≠

Penser au problème

L'état :

Ceux qui ne comprennent pas leur passé sont condamnés à le revivre. Goethe

↶ Penser au passé ↷

↗ Penser au future ↖

⇓

Défocalisation

⇓

Rentrer en confusion

≠

Focus

⇓

Penser au moment présent !

Le pouvoir des habitudes :

Nous avons tous des habitudes, des rituels, des réflexes qui conditionnent à long terme notre avenir et notre capacité à réussir, à nous améliorer.

Consciemment ou non, nous sommes le reflet des attitudes et des comportements des personnes qui nous entourent. Certaines peuvent nous donner de bonnes habitudes tandis que d'autres peuvent nous conduire à des comportements qui deviendront des freins à long terme.

Vous êtes-vous déjà dit « c'est plus fort que moi » ou encore « Je ne peux pas m'en empêcher »

Ne doutez plus de vous. Ne doutez plus de votre capacité à initier des changements et à vous projeter dans votre futur. Rien n'est impossible.

Reprogrammer son cerveau

Se poser les bonnes questions

Changer d'habitude

Talal EL Qoraichi : Coach, Stratège en Leadership et Développement Humain.

Tout changement est un pas important sur le chemin de votre réussite. Vous allez y arriver.

Le secret de notre futur se trouve dans nos habitudes quotidiennes. « Une journée bien préparée est une journée gagnée. »

Votre comportement au quotidien détermine votre capacité à réussir les projets que vous entreprenez.
Ne jamais laisser qui que ce soit nous dire ce que nous pouvons faire ou pas dans nos journées.

La vie a de nombreuses intersections, des occasions de monter et de descendre.

L'adaptation :

Ouverture = Adaptation

S'adapter

Faire preuve à la flexibilité

Ce ne sont pas les plus forts ou les plus intelligents qui survivent, mais ceux qui s'adaptent le mieux aux changements. Charles Darwin

Le changement :

Ne pas attendre que

la situation change

pour travailler

$$\neq$$

Attendre que la situation

change pour travailler

"Certaines personnes n'aiment pas le changement, mais vous avez besoin d'accepter le changement si l'alternative est une catastrophe." Elon Musk

L'échec = Se relever

Les personnes qui réussissent le mieux savent quand faire laquelle de ces trois activités: quand échanger leur carrière sans issue pour prendre le risque de créer une nouvelle entreprise; quand échanger les relations qui les retiennent contre celles qui les encourageront et les renforceront; à quel moment ajouter une nouvelle habitude positive au détriment d'une ancienne qui ne produisait pas de résultats.

En général, les gens qui échouent font de mauvais compromis, les gens ordinaires font peu de compromis et les gens qui réussissent font de bons compromis.

Comme le disent de nombreux adages, c'est ce que vous faites et incarnez qui vous mène, ou non, à la réussite. Et certains comportements peuvent être toxiques à cette réussite.

Crise = Opportunité

Bonne nouvelle

Crise

Mauvaise nouvelle

La réussite c'est de savoir ajouter, diminuer, supprimer ou modifier quelque chose.

À ces moments, nous faisons des choix. Nous pouvons :

1- Ajouter quelque chose à notre vie.

2- Retirer quelque chose à notre vie.

3- Echanger quelque chose à notre vie.

Avoir la vision pour prévoir :

Pour agir dans sa vie, il est important de savoir ce que vous souhaitez, afin de vous donner une ligne de conduite.

Je le ferai plus tard

⇊

Je ne le ferai jamais

"Chaque fois que vous voyez une entreprise prospère, quelqu'un a pris une décision courageuse." Peter Drucker

Vision = But

Anticiper pour ne pas subir :

Anticiper

Se projeter dans le futur

Choisir son destin ! ☺

Pouvoir

"Celui qui n'a pas d'objectifs ne risque pas de les atteindre." Sun Tzu

"Ce qui rend heureux c'est **la progression**, ce qui rend malheureux c'est la régression" Talal EL Qoraichi

Défis = Progression

Il n'existe pas de progression et de vie libre sans prise de responsabilité.

Prioriser la productivité

Investir :

- Temps

- Argent

- Energie

Temps ⩾ Argent

Argent = Sécurité

Mouvement = Energie

- Respirer – Réduire la fatigue

– Posturologie – Méthode S.A.S.A

Accepter d'être un humain

$$\neq$$

Vouloir être parfait

Talal EL Qoraichi : Coach, Stratège en Leadership et Développement Humain.

Le manque d'énergie se traduit par une perte de motivation et une accentuation de la détresse mentale.

La plupart des dépressions saisonnières ou des burnout sont principalement provoqués par un manque d'énergie.

Faites-en sorte de remonter votre niveau d'énergie pour affronter le quotidien et continuer de réaliser vos objectifs.

Pour réussir et faire face aux épreuves de la vie, vous devez augmenter votre niveau d'énergie. La formule est très simple

Méthode S.A.S.A

Sport
Alimentation
Sommeil
Apprentissage

Qu'est-ce qui vous ressource et vous fait du bien ?
Comment penser communiquer de l'énergie positive à soi-même et à ses proches sans prendre soin de vous ?

A partir du moment où vous allez être vraiment vous-même, vous allez cesser de gaspiller votre énergie inutilement.

N'oubliez pas, vous ne pouvez pas servir les autres si vous ne prenez pas soin de vous avant.

Ce n'est pas un acte d'égoïsme. Si vous ne prenez pas soin de vous-même, vous ne pourrez pas prendre soins des personnes que vous aimez.

Investir en vous-même peut signifier mettre de l'argent, du temps et de l'énergie pour contribuer à votre croissance et à votre développement personnel.

Investir en vous-même vous permet d'investir dans les autres, c'est le flux naturel dans la vie.

Le manque d'énergie se traduit par une perte de motivation et une accentuation de la détresse mentale.

La plupart des dépressions saisonnières ou des burnout sont principalement provoqués par un manque d'énergie.

Faites-en sorte de remonter votre niveau d'énergie pour affronter le quotidien et continuer de réaliser vos objectifs.

N'attendez pas de tomber malade pour prendre soin de votre santé ! C'est quand tout va bien que vous devez agir pour la préserver.

Négliger sa santé, c'est s'assurer une perte de motivation et d'énergie à un moment ou un autre de l'année et prendre le risque de ne pas atteindre ses objectifs.

L'introspection :

Pour reprendre le contrôle, ayez la volonté de vous prendre en main et n'adoptez plus une attitude de victime.

Ne compensez pas votre manque d'amour, d'affection ou de sécurité par de la culpabilité et du repli sur vous-même. C'est un cercle sans fin !

Pour retrouver de l'énergie et aller de l'avant, il faut vous **poser les bonnes** questions et retrouver **du sens à votre vie** professionnelle ou personnelle.

Personne ne viendra vers vous avec une solution clé en main pour retrouver de l'énergie.

La seule solution, c'est de comprendre que le problème vient de vous et donc que vous êtes la solution à toutes vos difficultés !

L'observation de soi

(Dynamique)

$$\neq$$

Connaissance de soi

(Passif)

Vendre au cerveau : être libre de vivre de sa passion

Vendre n'est pas uniquement un métier, vendre est une compétence qui est intégrée à notre style de vie, à notre façon d'être ou de ne pas être.

Parce que la première compétence n'est pas de savoir vendre son produit ou son service mais de savoir se vendre soi-même.

Prendre des risques

≠

Vouloir être parfait

Que vous soyez entrepreneur, employé ou à la commission, comprenez que toute entreprise doit finir par vendre ses produits ou ses services pour progresser, pour prospérer, pour embaucher, payer son marketing, pour aider plus de clients.

Sans vente il ne se passe rien. Tant que personne ne vend à personne c'est le néant. Si la vente n'existait pas il n'y aurait pas de création d'emplois.

Quelles sont les meilleures clés pour réussir une vente ?

Vos habiletés à convaincre, négocier, vendre, persuader les autres va influencer chaque aspect de votre vie personnelle ou professionnelle.

Ces habiletés déterminent votre condition de vie, vous placent dans la survie ou dans la performance, dans le club des 98% de la population qui angoisse pour payer ses factures ou des 2% qui a vraiment le choix.

Votre habileté à vendre détermine tout simplement votre destinée.

Le Marketing

Se faire connaitre

"Pour vendre, vous devriez raconter de vraies histoires à vos clients"
Talal EL Qoraichi

Vente = Revenus

Bonne émotion = Vente

Talal EL Qoraichi : Coach, Stratège en Leadership et Développement Humain.

La prise de décision :

Avec plusieurs dizaines de milliers de pensées qui se **bousculent dans notre tête** chaque jour, il peut y avoir un peu de ménage à faire !!

Comment libérer de la place dans son cerveau pour voir plus clair?

L'idéal est de les poser sur papier :

- **Écrire ses décisions pour s'en Libérer**, car le simple fait d'avoir extériorisé est libérateur.

En écrivant nos pensées, on les met à nu. **On peut les observer.** Elles apparaissent telles qu'elles sont. Elles deviennent plus concrètes. **On se place alors comme un observateur face aux pensées d'une autre personne.** Cela nous permet de **prendre de la distance et de la hauteur pour voir plus clair**, de les appréhender différemment.

(1)

2 Types de personnes :

1 Prend vite décision ⇑

1 Peur de prendre une décision ⇓

(Doute, hésite, ...)

----

(2)

Abandonner ses peurs

+ Être responsable

+ Gérer ses émotions

----

(3)

Agir sans regretter

+ Avoir foi en sa décision

+ Faire preuve à la flexibilité

----

(4)

Confiance en soi

+ Confiance en vous même

+ Confiance des autres en vous

Comment vous sentez-vous lorsque vous avez pris une mauvaise décision ?

La majorité des gens ne se pardonne jamais. Pour avancer, il faut apprendre à vous pardonner et à cultiver la bienveillance envers vous-même.

Nous avons tous pris de mauvaises décisions dans notre vie avant de les regretter. Nous connaissons tous ce sentiment. Cependant avec du recul il est aussi possible de cesser de culpabiliser et de mieux comprendre les enseignements et les bénéfices de nos choix.

Pour cela, voici 3 conseils fondamentaux :
1- Acceptez vos émotions.
2- Pensez à froid.
3- Ne laissez pas une mauvaise décision vous dévorer.

Être humain, c'est accepter le fait que l'on peut prendre de mauvaises décisions, mais ne les fuyons pas.

Aujourd'hui, on vous parle de votre cercle d'influence !

Dire non aux autres, c'est souvent très compliqué...
Mais pourtant, les demandes des autres viennent réduire votre pouvoir de décision, d'anticipation, de choix.

La plupart des gens prennent des décisions sur des bases émotives négatives.

Pas de bonnes émotions, pas de bonnes décisions !

Mettez fin à cette pression et remettez vous au centre de vos priorités !

Vous attendez la situation idéale pour agir ?

Si vous cherchez la situation idéale, c'est que vous n'avez plus de personnalité et que vous vivez à travers le regard des autres.

Ne cherchez pas la décision parfaite mais celle qui vous permettra de progresser, de devenir une meilleure personne.

Dès aujourd'hui, soyez satisfait de votre progression. Chaque victoire, même petite, est un pas de plus vers votre réussite personnelle.

« Les décisions que vous prenez aujourd'hui vont déterminer votre avenir. »

Vous savez déjà qu'un changement profond comme nous le vivons actuellement amène de nouvelles opportunités pour ceux qui sont capables de décider et s'adapter.

(5)

Baisse d'énergie

Mauvaise émotion

Mauvaise Décision

----

(6)

Voir les opportunités

Utiliser les yeux pour

Voir les problèmes

(7)

Energie & Paradigme

⇓

Décision

+ Impacter la vie des gens

+ Avoir des opportunités

« Le repli sur soi n'est jamais la bonne décision. »

Les gens = Réussite

Argent - Couple - Prise de décision - Confiance en soi - Gestion de temps - Leadership - Gestion de stress - Prendre la parole en publique et débattre - Neuro et Psycho-marketing - Branding - ...

Et bien d'autres choses ... ☺

3 Types de personnes :

1- Ceux qui ne veulent pas.

2- Ceux qui croient tout savoir.

3- Ceux qui ne veulent pas payer une formation !

Envie d'en savoir plus?

· Planifiez un appel d'information avec un membre de l'équipe www.mon-coach.net pour voir si cette opportunité est une opportunité mutuelle.

Pour toutes informations complémentaires n'hésitez pas à nous contacter :

00 212 6 36 6767 06

talal.elqoraichi@gmail.com

www.mon-coach.net

Vous pouvez aussi nous contacter sur Whatsapp, ce sera plus simple de vous expliquer de vive voix, bien à vous! ☺

"Aidez les bonnes personnes à obtenir la bonne information et ils feront les bonnes choses." James Belasco

Invitez votre entourage à REJOINDRE notre programme de Coaching en ligne sur www.mon-coach.net

Pensez-vous que **cette formation de Coaching peut aider quelqu'un** dans votre réseau ?

Allez **sur www.mon-coach.net** et partagez ce **programme en ligne** avec votre réseau !

Pensez à ces personnes qui pourraient bénéficier de ce programme gratuit en les invitant dès maintenant ..

Agenda Coaching

Organisez votre vie et vos affaires avec l'agenda Coaching

L'outil stratégique indispensable pour planifier vos projets et vivre à 200% !

L'agenda Coaching est un organisateur stratégique de Vie, conçu pour vous aider à vous focaliser sur ce qui compte vraiment pour vous, vous guider, pas à pas, afin d'établir chaque matin et chaque soir un objectif précis pour réussir votre journée.

1 MOIS NON DATÉS
Commencez votre Agenda Coaching quand vous le voulez !

UNE DOUBLE PAGE PAR JOURNÉE
Chaque jours vous allez mesurer vos résultats et vos progrès avec précision; vous fixer des objectifs clairs, savoir prioriser vos actions, garder un état d'esprit positif, mettre fin à la procrastination et adopter de puissantes habitudes pour vivre la vie et les affaires que vous aimez.

À présent, à vous de vous approprier cette méthode et ses étapes pragmatiques pour une vie à 200% !

Choisissez qui vous voulez être. Si vous croyez pouvoir changer, si vous en faites une habitude, le changement devient réel.

Outil de Diagnostique "Gestion du Temps"

Diagnostique Gestion du Temps	Non	Oui	Plans d'action
• Je me précipite dans l'action (Pré-crastination)			
• Je dérive et je reporte sans arrêt (Procrastination)			
• Je sous-évalue la durée des tâches			
• Je ne prévois pas de marge de manœuvre (Nérac)			
• Je n'anticipe pas suffisamment à moyen et long terme			
• Je m'y mets souvent à la dernière minute			
• Je ne planifie jamais et prends tout au fil de l'eau			
• Je ne fixe pas de priorités			
• J'ai du mal à distinguer l'urgent de l'important			
• Je commence toujours par le plus facile			
• Je méconnais et ne respecte pas ma chronologie			
• J'ai tendance à faire du multitasking (Loi de Carlson)			
• J'ai tendance à ne pas fixer de détails (Loi de parkinson)			
• J'ai du mal à gérer les interruptions			
• J'ai tendance à céder aux distractions			
• J'ai du mal à dire non aux demandes extérieures à mes tâches			
• Je ne fais pas de pauses, et ignore le ressourcement			
• J'ai du mal à déléguer			
• J'ai du mal à demander un coup de main			

Mon souhait à travers cet Organisateur Stratégique de Vie est de vous offrir un outil puissant

pour améliorer radicalement la qualité de votre vie. Sans jargon ni théories inutiles,

je l'ai imaginé simple, pratique et rapide. À présent, à vous de vous approprier cette méthode et ses étapes pragmatiques

pour une vie à 200% !

Faites une liste de ce que vous pensez de vous, ce que vous pensez de vous lorsque vous étiez enfant, de ce que vous voulez et ce que vous pensez de vous à partir de maintenant !

En vous souhaitant une excellente découverte !

Que cette nouvelle rencontre puisse vous tenir compagnie pour toujours.

----

4 Questions à ce poser avant de réaliser un projet :

- Qui suis-je ?
- Qu'est ce que je veux ?
- Pourquoi je le fais ?
- Quels sont mes plans d'actions ?

Planificateur stratégique de vie

20 Questions existentielles qui vous feront voir la vie sous un nouvel angle

Le pouvoir de certaines réponses pourra vous étonner et vous faire réfléchir aux **choses importantes,** *à* **la vie** *et à* **votre raison d'être.**

20 questions existentielles qui vous feront réfléchir aux choses importantes de la vie :

1 – Quel âge auriez-vous si vous ne saviez pas votre âge ?

....

2 – Qu'est-ce que vous aimeriez le plus changer dans ce monde ?

....

3 – Qu'y a t-il de pire pour vous entre l'échec et le fait de ne pas avoir essayé ?

....

4- Si vous pouviez choisir un métier, lequel choisiriez-vous maintenant si la seule condition était qu'il doit vous permettre de ressentir du bonheur ?

....

5 – Qu'est-ce qui vous rend réellement heureux /heureuse?

....

6 – Croyez-vous vraiment en ce que vous faites ou essayez-vous de donner un sens à ce que vous faites ?

....

7 – Quand avez-vous aidé quelqu'un pour la dernière fois ?

....

8 – Si la durée de vie moyenne était réduite à 40 ans, que changeriez-vous dans votre façon de vivre ?

....

9 – A quel point avez-vous contrôlé le chemin que votre vie a pris ?

....

10 – Si vous pouviez donner un seul et unique conseil à un enfant, ce serait lequel?

....

11 – Pourriez-vous faire quelque-chose d'illégal pour celui ou celle que vous aimez ?

....

Planificateur stratégique de vie

12 – Quelle est la chose que vous ne faites pas comme la majorité des gens ?

....

13 – Quelle est la chose que vous n'avez pas faite et que vous souhaitez réellement faire ? Qu'est-ce qui vous empêche de le faire ?

....

14 – Gardez-vous quelque-chose sur le cœur que vous devriez laisser sortir ? Si oui, comment pourriez-vous vous en débarrasser ?

....

15 – Pourquoi êtes-vous la personne que vous êtes ? Qu'est-ce qui fait de vous la personne que vous êtes ?

....

16 – Êtes-vous l'ami(e) que vous voudriez avoir comme ami(e) ?

....

17 – Pour quelle chose êtes-vous le plus reconnaissant(e)?

....

18 – Préférez-vous oublier tous vos anciens souvenirs ou les garder mais ne pas être capable d'en créer de nouveaux ?

....

19 – Que feriez-vous autrement si vous saviez que personne ne vous juge ?

....

20 – Si nous apprenons de nos erreurs, pourquoi alors avons-nous si peur d'en faire?

....

J'espère que ces questions existentielles vous aideront à mieux cerner certains aspects de votre vie.

Talal EL Qoraichi : Coach, Stratège en Leadership et Développement Humain.

La ligne de vie

Cet outil vous permet de créer une ligne horizontale qui représente votre vie.

Sur cette ligne, vous marquerez un point au milieu, représentant le « **maintenant** ».
Ensuite, vous commencerez à inclure les différentes situations et expériences
que vous avez vécues dans le passé.
Ainsi, vous pourrez être conscient de ce que vous considérez comme important
dans votre vie.

La deuxième partie consistera à combler une partie de votre avenir, en signalant vos
objectifs les plus proches et **les plus éloignés** dans le temps.

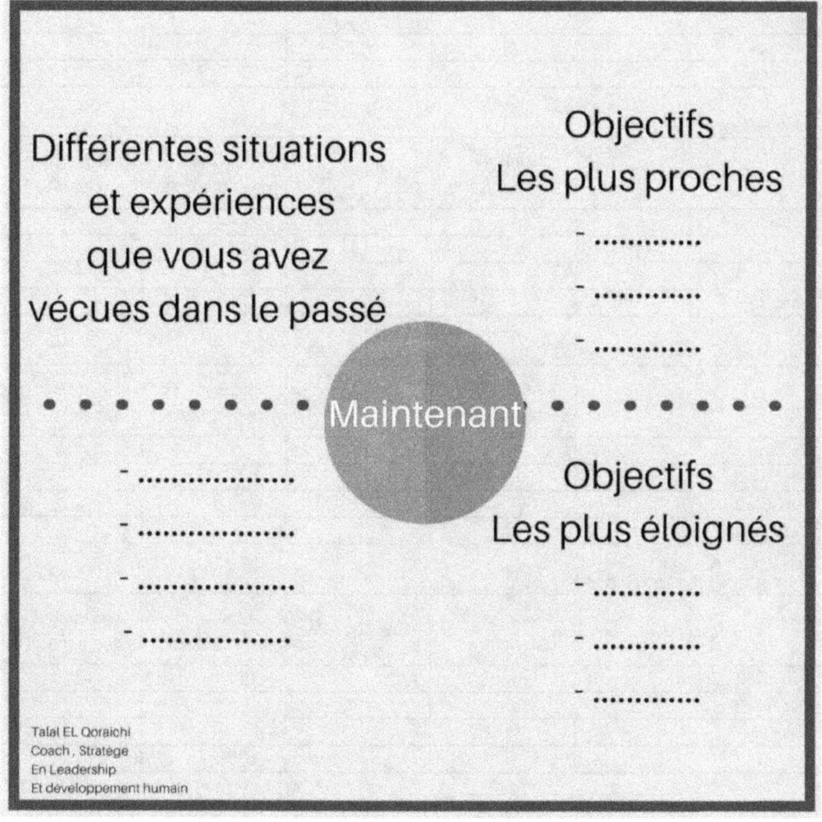

Talal EL Qoraichi : Coach, Stratège en Leadership et Développement Humain.

Faites le point sur 5 de vos habitudes sur les thématiques suivantes

Thématique : Santé

Vos habitudes	Supprimer une habitude	Adopter **une nouvelle** habitude	Renforcer une habitude	Diminuer une habitude
Habitude 1				
Habitude 2				
Habitude 3				
Habitude 4				

Thématique : Travail

Vos habitudes	Supprimer une habitude	Adopter **une nouvelle** habitude	Renforcer une habitude	Diminuer une habitude
Habitude 1				
Habitude 2				
Habitude 3				
Habitude 4				

Thématique : Famille

Vos habitudes	Supprimer une habitude	Adopter **une nouvelle** habitude	Renforcer une habitude	Diminuer une habitude
Habitude 1				
Habitude 2				
Habitude 3				
Habitude 4				

Thématique : Argent

Vos habitudes	Supprimer une habitude	Adopter **une nouvelle** habitude	Renforcer une habitude	Diminuer une habitude
Habitude 1				
Habitude 2				
Habitude 3				
Habitude 4				

Thématique (De votre choix) : _______________________

Vos habitudes	Supprimer une habitude	Adopter **une nouvelle** habitude	Renforcer une habitude	Diminuer une habitude
Habitude 1				
Habitude 2				
Habitude 3				
Habitude 4				

Matrice EISENHOWER de priorités

Urgent et Important

-
-
-
-
-
-

Pas urgent et important

-
-
-
-
-
-

Urgent et pas important

-
-
-
-
-

Pas urgent et pas important

-
-
-
-
-

Rendez-vous :

- Nom/Prénom : ....
- Heure et lieu du RDV : .... - Objet du RDV : ....

- Nom/Prénom : ....
- Heure et lieu du RDV : .... - Objet du RDV : ....

- Nom/Prénom : ....
- Heure et lieu du RDV : .... - Objet du RDV : ....

- Nom/Prénom : ....
- Heure et lieu du RDV : .... - Objet du RDV : ....

- Nom/Prénom : ....
- Heure et lieu du RDV : .... - Objet du RDV : ....

Planificateur stratégique de vie :   Le .. / .. / ....   Semaine : ..

Horaire	Programme
6h-7h	
7h-8h	
8h-9h	
9h-10h	
10h-11h	
11h-12h	
12h-13h	
13h-14h	
14h-15h	
15h-16h	
16h-17h	
17h-18h	
18h-19h	
19h-20h	
20h-21h	
21h-22h	
22h-23h	
23h-00h	

Tâches:

-
-
-
-
-

Objectifs:

-
-
-
-
-

Courses à faire:

-
-
-
-
-

Évaluation de la journée en ...% (De 0 à 100)

Cochez l'émoticône de la journée !

Matrice EISENHOWER de priorités

Urgent et Important

-
-
-
-
-
-

Pas urgent et important

-
-
-
-
-
-

Urgent et pas important

-
-
-
-
-
-

Pas urgent et pas important

-
-
-
-
-
-

Rendez-vous :

- Nom/Prénom : ....
- Heure et lieu du RDV : .... - Objet du RDV : ....

- Nom/Prénom : ....
- Heure et lieu du RDV : .... - Objet du RDV : ....

- Nom/Prénom : ....
- Heure et lieu du RDV : .... - Objet du RDV : ....

- Nom/Prénom : ....
- Heure et lieu du RDV : .... - Objet du RDV : ....

- Nom/Prénom : ....
- Heure et lieu du RDV : .... - Objet du RDV : ....

Planificateur stratégique de vie :   Le .. / .. / ....   Semaine : ..

Horaire	Programme
6h-7h	
7h-8h	
8h-9h	
9h-10h	
10h-11h	
11h-12h	
12h-13h	
13h-14h	
14h-15h	
15h-16h	
16h-17h	
17h-18h	
18h-19h	
19h-20h	
20h-21h	
21h-22h	
22h-23h	
23h-00h	

Tâches:

-
-
-
-
-

Objectifs:

-
-
-
-
-

Courses à faire:

-
-
-
-
-

Évaluation de la journée en ...% (De 0 à 100)

Cochez l'émoticône de la journée !

Matrice EISENHOWER de priorités

Urgent et Important

-
-
-
-
-
-

Pas urgent et important

-
-
-
-
-

Urgent et pas important

-
-
-
-
-
-

Pas urgent et pas important

-
-
-
-
-

Rendez-vous :

- Nom/Prénom : .... 📞 .... ✉ ....
- Heure et lieu du RDV : .... - Objet du RDV : ....

- Nom/Prénom : .... 📞 .... ✉ ....
- Heure et lieu du RDV : .... - Objet du RDV : ....

- Nom/Prénom : .... 📞 .... ✉ ....
- Heure et lieu du RDV : .... - Objet du RDV : ....

- Nom/Prénom : .... 📞 .... ✉ ....
- Heure et lieu du RDV : .... - Objet du RDV : ....

- Nom/Prénom : .... 📞 .... ✉ ....
- Heure et lieu du RDV : .... - Objet du RDV : ....

Planificateur stratégique de vie :   Le ../../....   Semaine : ..

Horaire	Programme
6h-7h	
7h-8h	
8h-9h	
9h-10h	
10h-11h	
11h-12h	
12h-13h	
13h-14h	
14h-15h	
15h-16h	
16h-17h	
17h-18h	
18h-19h	
19h-20h	
20h-21h	
21h-22h	
22h-23h	
23h-00h	

Tâches:

-
-
-
-
-

Objectifs:

-
-
-
-
-

Courses à faire:

-
-
-
-
-

Évaluation de la journée en ...% (De 0 à 100)

Cochez l'émoticône de la journée !

Matrice EISENHOWER de priorités

Urgent et Important

-
-
-
-
-

Pas urgent et important

-
-
-
-
-

Urgent et pas important

-
-
-
-
-

Pas urgent et pas important

-
-
-
-
-

Rendez-vous :

- Nom/Prénom : ....
- Heure et lieu du RDV : .... - Objet du RDV : ....

- Nom/Prénom : ....
- Heure et lieu du RDV : .... - Objet du RDV : ....

- Nom/Prénom : ....
- Heure et lieu du RDV : .... - Objet du RDV : ....

- Nom/Prénom : ....
- Heure et lieu du RDV : .... - Objet du RDV : ....

- Nom/Prénom : ....
- Heure et lieu du RDV : .... - Objet du RDV : ....

Planificateur stratégique de vie :   Le ../../....   Semaine : ..

Horaire	Programme
6h-7h	
7h-8h	
8h-9h	
9h-10h	
10h-11h	
11h-12h	
12h-13h	
13h-14h	
14h-15h	
15h-16h	
16h-17h	
17h-18h	
18h-19h	
19h-20h	
20h-21h	
21h-22h	
22h-23h	
23h-00h	

Tâches:
-
-
-
-
-

Objectifs:
-
-
-
-
-

Courses à faire:
-
-
-
-

Évaluation de la journée en ...% (De 0 à 100)

Cochez l'émoticône de la journée !

<table>
<tr><td colspan="2" align="center"># Matrice EISENHOWER de priorités</td></tr>
<tr><td>*Urgent et Important*</td><td>*Pas urgent et important*</td></tr>
<tr><td>-
-
-
-
-
-</td><td>-
-
-
-
-
-</td></tr>
<tr><td>*Urgent et pas important*</td><td>*Pas urgent et pas important*</td></tr>
<tr><td>-
-
-
-
-
-</td><td>-
-
-
-
-
-</td></tr>
</table>

Rendez-vous :

- Nom/Prénom : ....
- Heure et lieu du RDV : .... - Objet du RDV : ....

- Nom/Prénom : ....
- Heure et lieu du RDV : .... - Objet du RDV : ....

- Nom/Prénom : ....
- Heure et lieu du RDV : .... - Objet du RDV : ....

- Nom/Prénom : ....
- Heure et lieu du RDV : .... - Objet du RDV : ....

- Nom/Prénom : ....
- Heure et lieu du RDV : .... - Objet du RDV : ....

Planificateur stratégique de vie :   Le .. / .. / ....   Semaine : ..

Horaire	Programme
6h-7h	
7h-8h	
8h-9h	
9h-10h	
10h-11h	
11h-12h	
12h-13h	
13h-14h	
14h-15h	
15h-16h	
16h-17h	
17h-18h	
18h-19h	
19h-20h	
20h-21h	
21h-22h	
22h-23h	
23h-00h	

Tâches:
-
-
-
-
-

Objectifs:
-
-
-
-
-

Courses à faire:
-
-
-
-
-

Évaluation de la journée en ...% (De 0 à 100)

Cochez l'émoticône de la journée !

Matrice EISENHOWER de priorités

Urgent et Important

-
-
-
-
-
-

Pas urgent et important

-
-
-
-
-

Urgent et pas important

-
-
-
-
-
-

Pas urgent et pas important

-
-
-
-
-

Rendez-vous :

- Nom/Prénom : ....
- Heure et lieu du RDV : .... - Objet du RDV : ....

- Nom/Prénom : ....
- Heure et lieu du RDV : .... - Objet du RDV : ....

- Nom/Prénom : ....
- Heure et lieu du RDV : .... - Objet du RDV : ....

- Nom/Prénom : ....
- Heure et lieu du RDV : .... - Objet du RDV : ....

- Nom/Prénom : ....
- Heure et lieu du RDV : .... - Objet du RDV : ....

Planificateur stratégique de vie :   Le .. / .. / ....   Semaine : ..

Horaire	Programme
6h-7h	
7h-8h	
8h-9h	
9h-10h	
10h-11h	
11h-12h	
12h-13h	
13h-14h	
14h-15h	
15h-16h	
16h-17h	
17h-18h	
18h-19h	
19h-20h	
20h-21h	
21h-22h	
22h-23h	
23h-00h	

Tâches:
-
-
-
-
-

Objectifs:
-
-
-
-
-

Courses à faire:
-
-
-
-
-

Évaluation de la journée en ...% (De 0 à 100)

Cochez l'émoticône de la journée !

Matrice EISENHOWER de priorités

Urgent et Important

-
-
-
-
-
-

Pas urgent et important

-
-
-
-
-
-

Urgent et pas important

-
-
-
-
-
-

Pas urgent et pas important

-
-
-
-
-
-

Rendez-vous :

- Nom/Prénom : .... 📞 .... ✉ ....
- Heure et lieu du RDV : .... - Objet du RDV : ....

- Nom/Prénom : .... 📞 .... ✉ ....
- Heure et lieu du RDV : .... - Objet du RDV : ....

- Nom/Prénom : .... 📞 .... ✉ ....
- Heure et lieu du RDV : .... - Objet du RDV : ....

- Nom/Prénom : .... 📞 .... ✉ ....
- Heure et lieu du RDV : .... - Objet du RDV : ....

- Nom/Prénom : .... 📞 .... ✉ ....
- Heure et lieu du RDV : .... - Objet du RDV : ....

Planificateur stratégique de vie :   Le .. / .. / . . . .   Semaine : ..

Horaire	Programme
6h-7h	
7h-8h	
8h-9h	
9h-10h	
10h-11h	
11h-12h	
12h-13h	
13h-14h	
14h-15h	
15h-16h	
16h-17h	
17h-18h	
18h-19h	
19h-20h	
20h-21h	
21h-22h	
22h-23h	
23h-00h	

Tâches:

-
-
-
-
-

Objectifs:

-
-
-
-
-

Courses à faire:

-
-
-
-

Évaluation de la journée en ...% (De 0 à 100)

Cochez l'émoticône de la journée !

Résultats, progrès et Objectifs de la semaine

Mesurer vos résultats et vos progrès avec précision; vous fixer des objectifs clairs,
savoir prioriser vos actions, garder un état d'esprit positif,
mettre fin à la procrastination et adopter de puissantes habitudes
pour vivre la vie et les affaires que vous aimez.

Comment étaient vos résultats cette semaine ?

....

Avez-vous progressez ? ....

Si « Non », pourquoi vous n'avez pas progressez ?

....

Avez-vous utilisez tous vos talents pour atteindre vos objectifs ?

....

Avez-vous adoptez de nouvelles bonnes habitudes pour gagner en performance, renforcer votre vision et votre équilibre personnel ?

....

Quels sont vos prochains plans d'actions ? (Stratégies)

- ....
- ....
- ....
- ....
- ....

Contrat de changement

Système R.P.M

(Résultat/ Pourquoi / Plan action Massif)

A la fin d'une remise en question de votre manière de gérer le temps,

il est bon que vous preniez 5 minutes pour synthétiser votre plan d'action.

Ce que vous allez faire pour mieux maîtriser le temps.

Qu'est ce que je veux changer? (Quelques phrases maximum)

....

....

Dans quel délai?...

Pourquoi je le fais? (Qu'est ce que j'attends de ce changement?)

....

Quels sont les moyens que je me donne?

....

évaluation de la semaine

	Jour 1	Jour 2	Jour 3	Jour 4	Jour 5	Jour 6	Jour 7
100%							
90%							
80%							
70%							
60%							
50%							
40%							
30%							
20%							
10%							
0%							

La ligne de vie

Cet outil vous permet de créer une ligne horizontale qui représente votre vie.

Sur cette ligne, vous marquerez un point au milieu, représentant le « **maintenan**t ».
Ensuite, vous commencerez à inclure les différentes situations et expériences
que vous avez vécues dans le passé.
Ainsi, vous pourrez être conscient de ce que vous considérez comme important
dans votre vie.

La deuxième partie consistera à combler une partie de votre avenir, en signalant vos
objectifs les plus proches et **les plus éloignés** dans le temps.

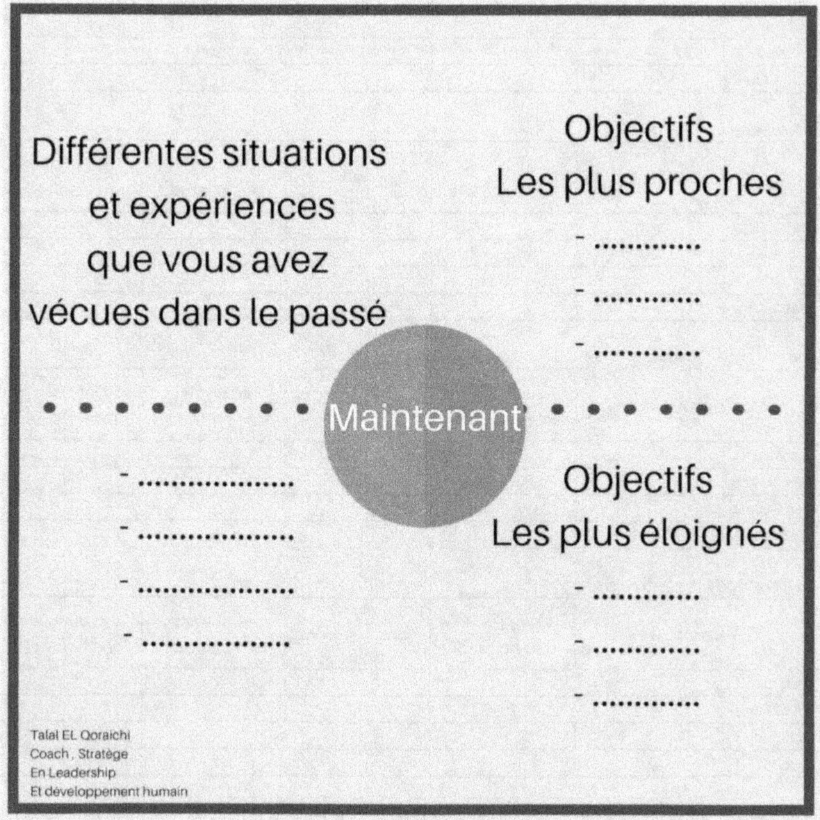

Talal EL Qoraichi : Coach, Stratège en Leadership et Développement Humain.

Faites le point sur 5 de vos habitudes sur les thématiques suivantes

Thématique : Santé

Vos habitudes	Supprimer une habitude	Adopter **une nouvelle** habitude	Renforcer une habitude	Diminuer une habitude
Habitude 1				
Habitude 2				
Habitude 3				
Habitude 4				

Thématique : Travail

Vos habitudes	Supprimer une habitude	Adopter **une nouvelle** habitude	Renforcer une habitude	Diminuer une habitude
Habitude 1				
Habitude 2				
Habitude 3				
Habitude 4				

Thématique : Famille

Vos habitudes	Supprimer une habitude	Adopter **une nouvelle** habitude	Renforcer une habitude	Diminuer une habitude
Habitude 1				
Habitude 2				
Habitude 3				
Habitude 4				

Thématique : Argent

Vos habitudes	Supprimer une habitude	Adopter **une nouvelle** habitude	Renforcer une habitude	Diminuer une habitude
Habitude 1				
Habitude 2				
Habitude 3				
Habitude 4				

Thématique (De votre choix) : _______________________________

Vos habitudes	Supprimer une habitude	Adopter **une nouvelle** habitude	Renforcer une habitude	Diminuer une habitude
Habitude 1				
Habitude 2				
Habitude 3				
Habitude 4				

Matrice EISENHOWER de priorités

Urgent et Important	*Pas urgent et important*
-	-
-	-
-	-
-	-
-	-
-	-

Urgent et pas important	*Pas urgent et pas important*
-	-
-	-
-	-
-	-
-	-
-	-

Rendez-vous :

- Nom/Prénom : ....
- Heure et lieu du RDV : .... - Objet du RDV : ....

- Nom/Prénom : ....
- Heure et lieu du RDV : .... - Objet du RDV : ....

- Nom/Prénom : ....
- Heure et lieu du RDV : .... - Objet du RDV : ....

- Nom/Prénom : ....
- Heure et lieu du RDV : .... - Objet du RDV : ....

- Nom/Prénom : ....
- Heure et lieu du RDV : .... - Objet du RDV : ....

Planificateur stratégique de vie :   Le .. / .. / ....   Semaine : ..

Horaire	Programme
6h-7h	
7h-8h	
8h-9h	
9h-10h	
10h-11h	
11h-12h	
12h-13h	
13h-14h	
14h-15h	
15h-16h	
16h-17h	
17h-18h	
18h-19h	
19h-20h	
20h-21h	
21h-22h	
22h-23h	
23h-00h	

Tâches:

-
-
-
-
-

Objectifs:

-
-
-
-
-

Courses à faire:

-
-
-
-
-

Évaluation de la journée en ...% (De 0 à 100)

Cochez l'émoticône de la journée !

Matrice EISENHOWER de priorités

Urgent et Important

-
-
-
-
-
-

Pas urgent et important

-
-
-
-
-

Urgent et pas important

-
-
-
-
-

Pas urgent et pas important

-
-
-
-
-

Rendez-vous :

- Nom/Prénom : .... 📞 .... ✉ ....
- Heure et lieu du RDV : .... - Objet du RDV : ....

- Nom/Prénom : .... 📞 .... ✉ ....
- Heure et lieu du RDV : .... - Objet du RDV : ....

- Nom/Prénom : .... 📞 .... ✉ ....
- Heure et lieu du RDV : .... - Objet du RDV : ....

- Nom/Prénom : .... 📞 .... ✉ ....
- Heure et lieu du RDV : .... - Objet du RDV : ....

- Nom/Prénom : .... 📞 .... ✉ ....
- Heure et lieu du RDV : .... - Objet du RDV : ....

Horaire	Programme
6h-7h	
7h-8h	
8h-9h	
9h-10h	
10h-11h	
11h-12h	
12h-13h	
13h-14h	
14h-15h	
15h-16h	
16h-17h	
17h-18h	
18h-19h	
19h-20h	
20h-21h	
21h-22h	
22h-23h	
23h-00h	

Tâches:

-
-
-
-
-

Objectifs:

-
-
-
-
-

Courses à faire:

-
-
-
-
-

Évaluation de la journée en ...% (De 0 à 100)

Cochez l'émoticône de la journée !

Matrice EISENHOWER de priorités

Urgent et Important

-
-
-
-
-
-

Pas urgent et important

-
-
-
-
-
-

Urgent et pas important

-
-
-
-
-
-

Pas urgent et pas important

-
-
-
-
-
-

Rendez-vous :

- Nom/Prénom : .... ☎ .... ✉ ....
- Heure et lieu du RDV : .... - Objet du RDV : ....

- Nom/Prénom : .... ☎ .... ✉ ....
- Heure et lieu du RDV : .... - Objet du RDV : ....

- Nom/Prénom : .... ☎ .... ✉ ....
- Heure et lieu du RDV : .... - Objet du RDV : ....

- Nom/Prénom : .... ☎ .... ✉ ....
- Heure et lieu du RDV : .... - Objet du RDV : ....

- Nom/Prénom : .... ☎ .... ✉ ....
- Heure et lieu du RDV : .... - Objet du RDV : ....

Planificateur stratégique de vie :   Le .. / .. / ....   Semaine : ..

Horaire	Programme
6h-7h	
7h-8h	
8h-9h	
9h-10h	
10h-11h	
11h-12h	
12h-13h	
13h-14h	
14h-15h	
15h-16h	
16h-17h	
17h-18h	
18h-19h	
19h-20h	
20h-21h	
21h-22h	
22h-23h	
23h-00h	

Tâches:
-
-
-
-
-

Objectifs:
-
-
-
-
-

Courses à faire:
-
-
-
-
-

Évaluation de la journée en ...% (De 0 à 100)

Cochez l'émoticône de la journée !

Matrice EISENHOWER de priorités

Urgent et Important

-
-
-
-
-
-

Pas urgent et important

-
-
-
-
-

Urgent et pas important

-
-
-
-
-
-

Pas urgent et pas important

-
-
-
-
-

Rendez-vous :

- Nom/Prénom : .... ☎ .... ✉ ....
- Heure et lieu du RDV : .... - Objet du RDV : ....

- Nom/Prénom : .... ☎ .... ✉ ....
- Heure et lieu du RDV : .... - Objet du RDV : ....

- Nom/Prénom : .... ☎ .... ✉ ....
- Heure et lieu du RDV : .... - Objet du RDV : ....

- Nom/Prénom : .... ☎ .... ✉ ....
- Heure et lieu du RDV : .... - Objet du RDV : ....

- Nom/Prénom : .... ☎ .... ✉ ....
- Heure et lieu du RDV : .... - Objet du RDV : ....

Planificateur stratégique de vie :   Le .. / .. / ....   Semaine : ..

Horaire	Programme
6h-7h	
7h-8h	
8h-9h	
9h-10h	
10h-11h	
11h-12h	
12h-13h	
13h-14h	
14h-15h	
15h-16h	
16h-17h	
17h-18h	
18h-19h	
19h-20h	
20h-21h	
21h-22h	
22h-23h	
23h-00h	

Tâches:

-
-
-
-
-

Objectifs:

-
-
-
-
-

Courses à faire:

-
-
-
-
-

Évaluation de la journée en ...% (De 0 à 100)

Cochez l'émoticône de la journée !

Matrice EISENHOWER de priorités

Urgent et Important	*Pas urgent et important*
-	-
-	-
-	-
-	-
-	-
-	-

Urgent et pas important	*Pas urgent et pas important*
-	-
-	-
-	-
-	-
-	-

Rendez-vous :

- Nom/Prénom : .... ☎ .... ✉ ....
- Heure et lieu du RDV : .... - Objet du RDV : ....

- Nom/Prénom : .... ☎ .... ✉ ....
- Heure et lieu du RDV : .... - Objet du RDV : ....

- Nom/Prénom : .... ☎ .... ✉ ....
- Heure et lieu du RDV : .... - Objet du RDV : ....

- Nom/Prénom : .... ☎ .... ✉ ....
- Heure et lieu du RDV : .... - Objet du RDV : ....

- Nom/Prénom : .... ☎ .... ✉ ....
- Heure et lieu du RDV : .... - Objet du RDV : ....

Horaire	Programme
6h-7h	
7h-8h	
8h-9h	
9h-10h	
10h-11h	
11h-12h	
12h-13h	
13h-14h	
14h-15h	
15h-16h	
16h-17h	
17h-18h	
18h-19h	
19h-20h	
20h-21h	
21h-22h	
22h-23h	
23h-00h	

Tâches:
-
-
-
-
-

Objectifs:
-
-
-
-
-

Courses à faire:
-
-
-
-
-

Évaluation de la journée en ...% (De 0 à 100)

Cochez l'émoticône de la journée !

Matrice EISENHOWER de priorités

Urgent et Important

-
-
-
-
-
-

Pas urgent et important

-
-
-
-
-

Urgent et pas important

-
-
-
-
-
-

Pas urgent et pas important

-
-
-
-
-

Rendez-vous :

- Nom/Prénom : ....
- Heure et lieu du RDV : .... - Objet du RDV : ....

- Nom/Prénom : ....
- Heure et lieu du RDV : .... - Objet du RDV : ....

- Nom/Prénom : ....
- Heure et lieu du RDV : .... - Objet du RDV : ....

- Nom/Prénom : ....
- Heure et lieu du RDV : .... - Objet du RDV : ....

- Nom/Prénom : ....
- Heure et lieu du RDV : .... - Objet du RDV : ....

Horaire	Programme
6h-7h	
7h-8h	
8h-9h	
9h-10h	
10h-11h	
11h-12h	
12h-13h	
13h-14h	
14h-15h	
15h-16h	
16h-17h	
17h-18h	
18h-19h	
19h-20h	
20h-21h	
21h-22h	
22h-23h	
23h-00h	

Tâches:

-
-
-
-
-

Objectifs:

-
-
-
-
-

Courses à faire:

-
-
-
-
-

Évaluation de la journée en ...% (De 0 à 100)

Cochez l'émoticône de la journée !

Matrice EISENHOWER de priorités

Urgent et Important

-
-
-
-
-
-

Pas urgent et important

-
-
-
-
-
-

Urgent et pas important

-
-
-
-
-
-

Pas urgent et pas important

-
-
-
-

Rendez-vous :

- Nom/Prénom : ....
- Heure et lieu du RDV : .... - Objet du RDV : ....

- Nom/Prénom : ....
- Heure et lieu du RDV : .... - Objet du RDV : ....

- Nom/Prénom : ....
- Heure et lieu du RDV : .... - Objet du RDV : ....

- Nom/Prénom : ....
- Heure et lieu du RDV : .... - Objet du RDV : ....

- Nom/Prénom : ....
- Heure et lieu du RDV : .... - Objet du RDV : ....

Planificateur stratégique de vie :　　　　Le .. / .. / ....　　　　Semaine : ..

Horaire	Programme
6h-7h	
7h-8h	
8h-9h	
9h-10h	
10h-11h	
11h-12h	
12h-13h	
13h-14h	
14h-15h	
15h-16h	
16h-17h	
17h-18h	
18h-19h	
19h-20h	
20h-21h	
21h-22h	
22h-23h	
23h-00h	

Tâches:

-
-
-
-
-

Objectifs:

-
-
-
-
-

Courses à faire:

-
-
-
-
-

Évaluation de la journée en ...% (De 0 à 100)

Cochez l'émoticône de la journée !

Résultats, progrès et Objectifs de la semaine

Mesurer vos résultats et vos progrès avec précision; vous fixer des objectifs clairs,
savoir prioriser vos actions, garder un état d'esprit positif,
mettre fin à la procrastination et adopter de puissantes habitudes
pour vivre la vie et les affaires que vous aimez.

Comment étaient vos résultats cette semaine ?

....

Avez-vous progressez ? ....

Si « Non », pourquoi vous n'avez pas progressez ?

....

Avez-vous utilisez tous vos talents pour atteindre vos objectifs ?

....

Avez-vous adoptez de nouvelles bonnes habitudes pour gagner en performance, renforcer votre vision et votre équilibre personnel ?

....

Quels sont vos prochains plans d'actions ? (Stratégies)

- ....
- ....
- ....
- ....
- ....

Contrat de changement

Système R.P.M

(Résultat/ Pourquoi / Plan action Massif)

A la fin d'une remise en question de votre manière de gérer le temps,

il est bon que vous preniez 5 minutes pour synthétiser votre plan d'action.

Ce que vous allez faire pour mieux maîtriser le temps.

Qu'est ce que je veux changer? (Quelques phrases maximum)

....

....

Dans quel délai? ....

Pourquoi je le fais? (Qu'est ce que j'attends de ce changement?)

....

Quels sont les moyens que je me donne?

....

évaluation de la semaine

	Jour 1	Jour 2	Jour 3	Jour 4	Jour 5	Jour 6	Jour 7
100%							
90%							
80%							
70%							
60%							
50%							
40%							
30%							
20%							
10%							
0%							

La ligne de vie

Cet outil vous permet de créer une ligne horizontale qui représente votre vie.

Sur cette ligne, vous marquerez un point au milieu, représentant le « **maintenant** ».
Ensuite, vous commencerez à inclure les différentes situations et expériences
que vous avez vécues dans le passé.
Ainsi, vous pourrez être conscient de ce que vous considérez comme important
dans votre vie.

La deuxième partie consistera à combler une partie de votre avenir, en signalant vos
objectifs les plus proches et **les plus éloignés** dans le temps.

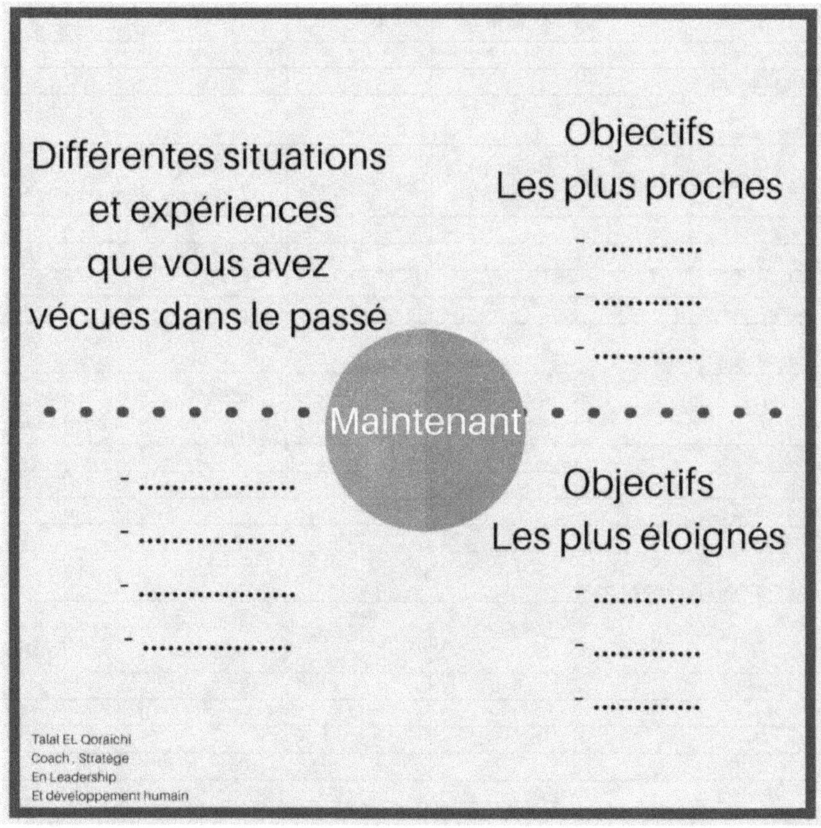

Talal EL Qoraichi : Coach, Stratège en Leadership et Développement Humain.

Faites le point sur 5 de vos habitudes sur les thématiques suivantes

Thématique : Santé

Vos habitudes	Supprimer une habitude	Adopter **une nouvelle** habitude	Renforcer une habitude	Diminuer une habitude
Habitude 1				
Habitude 2				
Habitude 3				
Habitude 4				

Thématique : Travail

Vos habitudes	Supprimer une habitude	Adopter **une nouvelle** habitude	Renforcer une habitude	Diminuer une habitude
Habitude 1				
Habitude 2				
Habitude 3				
Habitude 4				

Thématique : Famille

Vos habitudes	Supprimer une habitude	Adopter **une nouvelle** habitude	Renforcer une habitude	Diminuer une habitude
Habitude 1				
Habitude 2				
Habitude 3				
Habitude 4				

Thématique : Argent

Vos habitudes	Supprimer une habitude	Adopter **une nouvelle** habitude	Renforcer une habitude	Diminuer une habitude
Habitude 1				
Habitude 2				
Habitude 3				
Habitude 4				

Thématique (De votre choix) : _______________________

Vos habitudes	Supprimer une habitude	Adopter **une nouvelle** habitude	Renforcer une habitude	Diminuer une habitude
Habitude 1				
Habitude 2				
Habitude 3				
Habitude 4				

Matrice EISENHOWER de priorités

Urgent et Important	*Pas urgent et important*
-	-
-	-
-	-
-	-
-	-
-	-
Urgent et pas important	*Pas urgent et pas important*
-	-
-	-
-	-
-	-
-	-
-	-

Rendez-vous :

- Nom/Prénom : .... 📞 .... ✉ ....
- Heure et lieu du RDV : .... - Objet du RDV : ....

- Nom/Prénom : .... 📞 .... ✉ ....
- Heure et lieu du RDV : .... - Objet du RDV : ....

- Nom/Prénom : .... 📞 .... ✉ ....
- Heure et lieu du RDV : .... - Objet du RDV : ....

- Nom/Prénom : .... 📞 .... ✉ ....
- Heure et lieu du RDV : .... - Objet du RDV : ....

- Nom/Prénom : .... 📞 .... ✉ ....
- Heure et lieu du RDV : .... - Objet du RDV : ....

Planificateur stratégique de vie : Le .. / .. / .... Semaine : ..

Horaire	Programme
6h-7h	
7h-8h	
8h-9h	
9h-10h	
10h-11h	
11h-12h	
12h-13h	
13h-14h	
14h-15h	
15h-16h	
16h-17h	
17h-18h	
18h-19h	
19h-20h	
20h-21h	
21h-22h	
22h-23h	
23h-00h	

Tâches:
-
-
-
-
-

Objectifs:
-
-
-
-
-

Courses à faire:
-
-
-
-

Évaluation de la journée en ...% (De 0 à 100)

Cochez l'émoticône de la journée !

Matrice EISENHOWER de priorités

Urgent et Important

-
-
-
-
-
-

Pas urgent et important

-
-
-
-
-

Urgent et pas important

-
-
-
-
-

Pas urgent et pas important

-
-
-
-

Rendez-vous :

- Nom/Prénom : .... ☎ .... ✉ ....
- Heure et lieu du RDV : .... - Objet du RDV : ....

- Nom/Prénom : .... ☎ .... ✉ ....
- Heure et lieu du RDV : .... - Objet du RDV : ....

- Nom/Prénom : .... ☎ .... ✉ ....
- Heure et lieu du RDV : .... - Objet du RDV : ....

- Nom/Prénom : .... ☎ .... ✉ ....
- Heure et lieu du RDV : .... - Objet du RDV : ....

- Nom/Prénom : .... ☎ .... ✉ ....
- Heure et lieu du RDV : .... - Objet du RDV : ....

Planificateur stratégique de vie :   **Le .. / .. / . . . .**   **Semaine : ..**

Horaire	Programme
6h-7h	
7h-8h	
8h-9h	
9h-10h	
10h-11h	
11h-12h	
12h-13h	
13h-14h	
14h-15h	
15h-16h	
16h-17h	
17h-18h	
18h-19h	
19h-20h	
20h-21h	
21h-22h	
22h-23h	
23h-00h	

Tâches:

-
-
-
-
-

Objectifs:

-
-
-
-
-

Courses à faire:

-
-
-
-
-

Évaluation de la journée en ...% (De 0 à 100)

Cochez l'émoticône de la journée !

Matrice EISENHOWER de priorités

Urgent et Important

-
-
-
-
-

Pas urgent et important

-
-
-
-
-

Urgent et pas important

-
-
-
-
-

Pas urgent et pas important

-
-
-
-
-

Rendez-vous :

- Nom/Prénom : .... ☎ .... ✉ ....
- Heure et lieu du RDV : .... - Objet du RDV : ....

- Nom/Prénom : .... ☎ .... ✉ ....
- Heure et lieu du RDV : .... - Objet du RDV : ....

- Nom/Prénom : .... ☎ .... ✉ ....
- Heure et lieu du RDV : .... - Objet du RDV : ....

- Nom/Prénom : .... ☎ .... ✉ ....
- Heure et lieu du RDV : .... - Objet du RDV : ....

- Nom/Prénom : .... ☎ .... ✉ ....
- Heure et lieu du RDV : .... - Objet du RDV : ....

Planificateur stratégique de vie :   Le .. / .. / ....   Semaine : ..

Horaire	Programme
6h-7h	
7h-8h	
8h-9h	
9h-10h	
10h-11h	
11h-12h	
12h-13h	
13h-14h	
14h-15h	
15h-16h	
16h-17h	
17h-18h	
18h-19h	
19h-20h	
20h-21h	
21h-22h	
22h-23h	
23h-00h	

Tâches:

-
-
-
-
-

Objectifs:

-
-
-
-
-

Courses à faire:

-
-
-
-
-

Évaluation de la journée en ...% (De 0 à 100)

Cochez l'émoticône de la journée !

Matrice EISENHOWER de priorités

Urgent et Important

-
-
-
-
-
-

Pas urgent et important

-
-
-
-
-

Urgent et pas important

-
-
-
-
-

Pas urgent et pas important

-
-
-
-
-

Rendez-vous :

- Nom/Prénom : ....
- Heure et lieu du RDV : .... - Objet du RDV : ....

- Nom/Prénom : ....
- Heure et lieu du RDV : .... - Objet du RDV : ....

- Nom/Prénom : ....
- Heure et lieu du RDV : .... - Objet du RDV : ....

- Nom/Prénom : ....
- Heure et lieu du RDV : .... - Objet du RDV : ....

- Nom/Prénom : ....
- Heure et lieu du RDV : .... - Objet du RDV : ....

Talal EL Qoraichi : Coach, Stratège en Leadership et Développement Humain.

Planificateur stratégique de vie :   **Le .. / .. / ....**   **Semaine : ..**

Horaire	Programme
6h-7h	
7h-8h	
8h-9h	
9h-10h	
10h-11h	
11h-12h	
12h-13h	
13h-14h	
14h-15h	
15h-16h	
16h-17h	
17h-18h	
18h-19h	
19h-20h	
20h-21h	
21h-22h	
22h-23h	
23h-00h	

Tâches:

-
-
-
-

Objectifs:

-
-
-
-
-

Courses à faire:

-
-
-
-
-

Évaluation de la journée en ...% (De 0 à 100)

Cochez l'émoticône de la journée !

Matrice EISENHOWER de priorités

Urgent et Important

-
-
-
-
-
-

Pas urgent et important

-
-
-
-
-

Urgent et pas important

-
-
-
-
-
-

Pas urgent et pas important

-
-
-
-
-

Rendez-vous :

- Nom/Prénom : .... 📞 .... ✉ ....
- Heure et lieu du RDV : .... - Objet du RDV : ....

- Nom/Prénom : .... 📞 .... ✉ ....
- Heure et lieu du RDV : .... - Objet du RDV : ....

- Nom/Prénom : .... 📞 .... ✉ ....
- Heure et lieu du RDV : .... - Objet du RDV : ....

- Nom/Prénom : .... 📞 .... ✉ ....
- Heure et lieu du RDV : .... - Objet du RDV : ....

- Nom/Prénom : .... 📞 .... ✉ ....
- Heure et lieu du RDV : .... - Objet du RDV : ....

Planificateur stratégique de vie :   Le ../../....   Semaine : ..

Horaire	Programme
6h-7h	
7h-8h	
8h-9h	
9h-10h	
10h-11h	
11h-12h	
12h-13h	
13h-14h	
14h-15h	
15h-16h	
16h-17h	
17h-18h	
18h-19h	
19h-20h	
20h-21h	
21h-22h	
22h-23h	
23h-00h	

Tâches:

-
-
-
-
-

Objectifs:

-
-
-
-
-

Courses à faire:

-
-
-
-
-

Évaluation de la journée en ...% (De 0 à 100)

Cochez l'émoticône de la journée !

Matrice EISENHOWER de priorités

Urgent et Important

-
-
-
-
-
-

Pas urgent et important

-
-
-
-
-
-

Urgent et pas important

-
-
-
-
-
-

Pas urgent et pas important

-
-
-
-
-
-

Rendez-vous :

- Nom/Prénom : ....
- Heure et lieu du RDV : .... - Objet du RDV : ....

- Nom/Prénom : ....
- Heure et lieu du RDV : .... - Objet du RDV : ....

- Nom/Prénom : ....
- Heure et lieu du RDV : .... - Objet du RDV : ....

- Nom/Prénom : ....
- Heure et lieu du RDV : .... - Objet du RDV : ....

- Nom/Prénom : ....
- Heure et lieu du RDV : .... - Objet du RDV : ....

Talal EL Qoraichi : Coach, Stratège en Leadership et Développement Humain.

Horaire	Programme
6h-7h	
7h-8h	
8h-9h	
9h-10h	
10h-11h	
11h-12h	
12h-13h	
13h-14h	
14h-15h	
15h-16h	
16h-17h	
17h-18h	
18h-19h	
19h-20h	
20h-21h	
21h-22h	
22h-23h	
23h-00h	

Tâches:

-
-
-
-
-

Objectifs:

-
-
-
-
-

Courses à faire:

-
-
-
-
-

Évaluation de la journée en ...% (De 0 à 100)

Cochez l'émoticône de la journée !

Matrice EISENHOWER de priorités

Urgent et Important	*Pas urgent et important*
-	-
-	-
-	-
-	-
-	-
-	-

Urgent et pas important	*Pas urgent et pas important*
-	-
-	-
-	-
-	-
-	-
-	-

Rendez-vous :

- Nom/Prénom : .... 📞 .... ✉ ....
- Heure et lieu du RDV : .... - Objet du RDV : ....

- Nom/Prénom : .... 📞 .... ✉ ....
- Heure et lieu du RDV : .... - Objet du RDV : ....

- Nom/Prénom : .... 📞 .... ✉ ....
- Heure et lieu du RDV : .... - Objet du RDV : ....

- Nom/Prénom : .... 📞 .... ✉ ....
- Heure et lieu du RDV : .... - Objet du RDV : ....

- Nom/Prénom : .... 📞 .... ✉ ....
- Heure et lieu du RDV : .... - Objet du RDV : ....

Planificateur stratégique de vie : Le .. / .. / .... Semaine : ..

Horaire	Programme
6h-7h	
7h-8h	
8h-9h	
9h-10h	
10h-11h	
11h-12h	
12h-13h	
13h-14h	
14h-15h	
15h-16h	
16h-17h	
17h-18h	
18h-19h	
19h-20h	
20h-21h	
21h-22h	
22h-23h	
23h-00h	

Tâches:
-
-
-
-
-

Objectifs:
-
-
-
-
-

Courses à faire:
-
-
-
-
-

Évaluation de la journée en ...% (De 0 à 100)

Cochez l'émoticône de la journée !

Résultats, progrès et Objectifs de la semaine

Mesurer vos résultats et vos progrès avec précision; vous fixer des objectifs clairs,
savoir prioriser vos actions, garder un état d'esprit positif,
mettre fin à la procrastination et adopter de puissantes habitudes
pour vivre la vie et les affaires que vous aimez.

Comment étaient vos résultats cette semaine ?

....

Avez-vous progressez ? ....

Si « Non », pourquoi vous n'avez pas progressez ?

....

Avez-vous utilisez tous vos talents pour atteindre vos objectifs ?

....

Avez-vous adoptez de nouvelles bonnes habitudes pour gagner en performance, renforcer votre vision et votre équilibre personnel ?

....

Quels sont vos prochains plans d'actions ? (Stratégies)

- ....
- ....
- ....
- ....
- ....

Contrat de changement

Système R.P.M

(Résultat/ Pourquoi / Plan action Massif)

A la fin d'une remise en question de votre manière de gérer le temps,

il est bon que vous preniez 5 minutes pour synthétiser votre plan d'action.

Ce que vous allez faire pour mieux maîtriser le temps.

Qu'est ce que je veux changer? (Quelques phrases maximum)

....

....

Dans quel délai?...

Pourquoi je le fais? (Qu'est ce que j'attends de ce changement?)

....

Quels sont les moyens que je me donne?

....

évaluation de la semaine

	Jour 1	Jour 2	Jour 3	Jour 4	Jour 5	Jour 6	Jour 7
100%							
90%							
80%							
70%							
60%							
50%							
40%							
30%							
20%							
10%							
0%							

La ligne de vie

Cet outil vous permet de créer une ligne horizontale qui représente votre vie.

Sur cette ligne, vous marquerez un point au milieu, représentant le « **maintenant** ».
Ensuite, vous commencerez à inclure les différentes situations et expériences
que vous avez vécues dans le passé.
Ainsi, vous pourrez être conscient de ce que vous considérez comme important
dans votre vie.

La deuxième partie consistera à combler une partie de votre avenir, en signalant vos
objectifs les plus proches et **les plus éloignés** dans le temps.

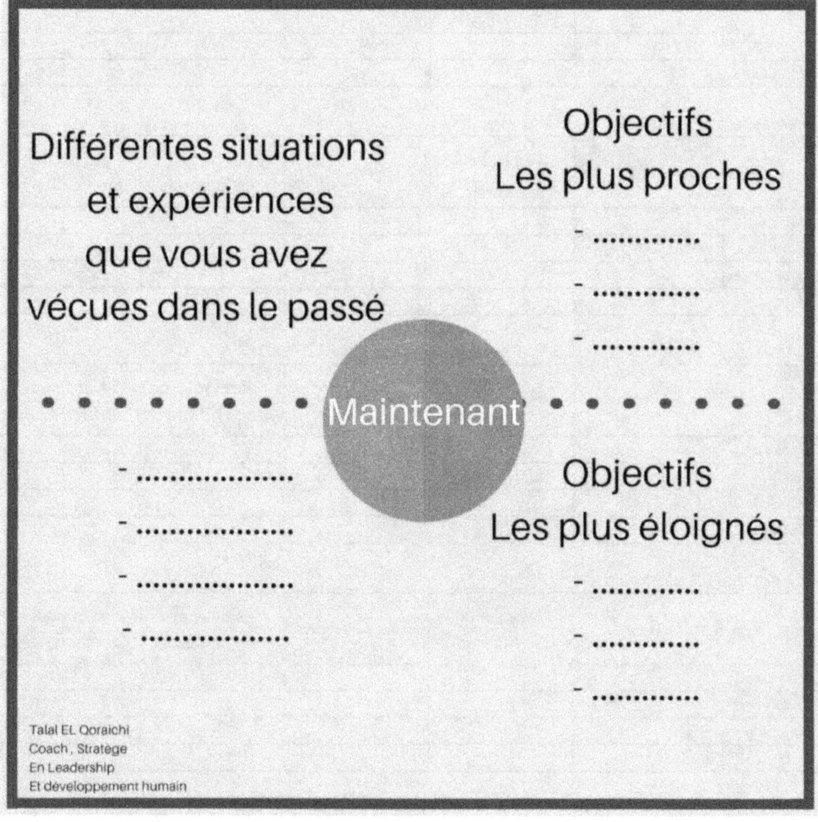

Talal EL Qoraichi : Coach, Stratège en Leadership et Développement Humain.

Faites le point sur 5 de vos habitudes sur les thématiques suivantes

Thématique : Santé

Vos habitudes	Supprimer une habitude	Adopter **une nouvelle** habitude	Renforcer une habitude	Diminuer une habitude
Habitude 1				
Habitude 2				
Habitude 3				
Habitude 4				

Thématique : Travail

Vos habitudes	Supprimer une habitude	Adopter **une nouvelle** habitude	Renforcer une habitude	Diminuer une habitude
Habitude 1				
Habitude 2				
Habitude 3				
Habitude 4				

Thématique : Famille

Vos habitudes	Supprimer une habitude	Adopter **une nouvelle** habitude	Renforcer une habitude	Diminuer une habitude
Habitude 1				
Habitude 2				
Habitude 3				
Habitude 4				

Thématique : Argent

Vos habitudes	Supprimer une habitude	Adopter **une nouvelle** habitude	Renforcer une habitude	Diminuer une habitude
Habitude 1				
Habitude 2				
Habitude 3				
Habitude 4				

Thématique (De votre choix) : _______________________

Vos habitudes	Supprimer une habitude	Adopter **une nouvelle** habitude	Renforcer une habitude	Diminuer une habitude
Habitude 1				
Habitude 2				
Habitude 3				
Habitude 4				

<table>
<tr><td colspan="2"><h1 align="center">Matrice EISENHOWER de priorités</h1></td></tr>
<tr><td>Urgent et Important

-
-
-
-
-
-</td><td>Pas urgent et important

-
-
-
-
-</td></tr>
<tr><td>Urgent et pas important

-
-
-
-
-
-</td><td>Pas urgent et pas important

-
-
-
-
-</td></tr>
</table>

Rendez-vous :

- Nom/Prénom : .... 📞 .... ✉ ....
- Heure et lieu du RDV : .... - Objet du RDV : ....

- Nom/Prénom : .... 📞 .... ✉ ....
- Heure et lieu du RDV : .... - Objet du RDV : ....

- Nom/Prénom : .... 📞 .... ✉ ....
- Heure et lieu du RDV : .... - Objet du RDV : ....

- Nom/Prénom : .... 📞 .... ✉ ....
- Heure et lieu du RDV : .... - Objet du RDV : ....

- Nom/Prénom : .... 📞 .... ✉ ....
- Heure et lieu du RDV : .... - Objet du RDV : ....

Planificateur stratégique de vie :   Le .. / .. / ....   Semaine : ..

Horaire	Programme
6h-7h	
7h-8h	
8h-9h	
9h-10h	
10h-11h	
11h-12h	
12h-13h	
13h-14h	
14h-15h	
15h-16h	
16h-17h	
17h-18h	
18h-19h	
19h-20h	
20h-21h	
21h-22h	
22h-23h	
23h-00h	

Tâches:

-
-
-
-

Objectifs:

-
-
-
-

Courses à faire:

-
-
-
-

Évaluation de la journée en ...% (De 0 à 100)

Cochez l'émoticône de la journée !

Matrice EISENHOWER de priorités

Urgent et Important

-
-
-
-
-
-

Pas urgent et important

-
-
-
-
-

Urgent et pas important

-
-
-
-
-

Pas urgent et pas important

-
-
-
-
-

Rendez-vous :

- Nom/Prénom : ....
- Heure et lieu du RDV : .... - Objet du RDV : ....

- Nom/Prénom : ....
- Heure et lieu du RDV : .... - Objet du RDV : ....

- Nom/Prénom : ....
- Heure et lieu du RDV : .... - Objet du RDV : ....

- Nom/Prénom : ....
- Heure et lieu du RDV : .... - Objet du RDV : ....

- Nom/Prénom : ....
- Heure et lieu du RDV : .... - Objet du RDV : ....

Horaire	Programme
6h-7h	
7h-8h	
8h-9h	
9h-10h	
10h-11h	
11h-12h	
12h-13h	
13h-14h	
14h-15h	
15h-16h	
16h-17h	
17h-18h	
18h-19h	
19h-20h	
20h-21h	
21h-22h	
22h-23h	
23h-00h	

Tâches:
-
-
-
-
-

Objectifs:
-
-
-
-
-

Courses à faire:
-
-
-
-
-

Évaluation de la journée en ...% (De 0 à 100)

Cochez l'émoticône de la journée !

Matrice EISENHOWER de priorités

Urgent et Important

-
-
-
-
-

Pas urgent et important

-
-
-
-
-

Urgent et pas important

-
-
-
-
-

Pas urgent et pas important

-
-
-
-
-

Rendez-vous :

- Nom/Prénom : ....
- Heure et lieu du RDV : .... - Objet du RDV : ....

- Nom/Prénom : ....
- Heure et lieu du RDV : .... - Objet du RDV : ....

- Nom/Prénom : ....
- Heure et lieu du RDV : .... - Objet du RDV : ....

- Nom/Prénom : ....
- Heure et lieu du RDV : .... - Objet du RDV : ....

- Nom/Prénom : ....
- Heure et lieu du RDV : .... - Objet du RDV : ....

Planificateur stratégique de vie : Le ../../....   Semaine : ..

Horaire	Programme
6h-7h	
7h-8h	
8h-9h	
9h-10h	
10h-11h	
11h-12h	
12h-13h	
13h-14h	
14h-15h	
15h-16h	
16h-17h	
17h-18h	
18h-19h	
19h-20h	
20h-21h	
21h-22h	
22h-23h	
23h-00h	

Tâches:
-
-
-
-
-

Objectifs:
-
-
-
-
-

Courses à faire:
-
-
-
-
-

Évaluation de la journée en ...% (De 0 à 100)

Cochez l'émoticône de la journée !

Matrice EISENHOWER de priorités

Urgent et Important

-
-
-
-
-
-

Pas urgent et important

-
-
-
-
-

Urgent et pas important

-
-
-
-
-

Pas urgent et pas important

-
-
-
-
-

Rendez-vous :

- Nom/Prénom : .... ☎ .... ✉ ....
- Heure et lieu du RDV : .... - Objet du RDV : ....

- Nom/Prénom : .... ☎ .... ✉ ....
- Heure et lieu du RDV : .... - Objet du RDV : ....

- Nom/Prénom : .... ☎ .... ✉ ....
- Heure et lieu du RDV : .... - Objet du RDV : ....

- Nom/Prénom : .... ☎ .... ✉ ....
- Heure et lieu du RDV : .... - Objet du RDV : ....

- Nom/Prénom : .... ☎ .... ✉ ....
- Heure et lieu du RDV : .... - Objet du RDV : ....

Planificateur stratégique de vie :   Le .. / .. / ....   Semaine : ..

Horaire	Programme
6h-7h	
7h-8h	
8h-9h	
9h-10h	
10h-11h	
11h-12h	
12h-13h	
13h-14h	
14h-15h	
15h-16h	
16h-17h	
17h-18h	
18h-19h	
19h-20h	
20h-21h	
21h-22h	
22h-23h	
23h-00h	

Tâches:
-
-
-
-
-

Objectifs:
-
-
-
-
-

Courses à faire:
-
-
-
-
-

Évaluation de la journée en ...% (De 0 à 100)

Cochez l'émoticône de la journée !

Matrice EISENHOWER de priorités

Urgent et Important

-
-
-
-
-
-

Pas urgent et important

-
-
-
-
-

Urgent et pas important

-
-
-
-
-
-

Pas urgent et pas important

-
-
-
-
-

Rendez-vous :

- Nom/Prénom : .... ☎ .... ✉ ....
- Heure et lieu du RDV : .... - Objet du RDV : ....

- Nom/Prénom : .... ☎ .... ✉ ....
- Heure et lieu du RDV : .... - Objet du RDV : ....

- Nom/Prénom : .... ☎ .... ✉ ....
- Heure et lieu du RDV : .... - Objet du RDV : ....

- Nom/Prénom : .... ☎ .... ✉ ....
- Heure et lieu du RDV : .... - Objet du RDV : ....

- Nom/Prénom : .... ☎ .... ✉ ....
- Heure et lieu du RDV : .... - Objet du RDV : ....

Planificateur stratégique de vie :   Le .. / .. / ....   Semaine : ..

Horaire	Programme
6h-7h	
7h-8h	
8h-9h	
9h-10h	
10h-11h	
11h-12h	
12h-13h	
13h-14h	
14h-15h	
15h-16h	
16h-17h	
17h-18h	
18h-19h	
19h-20h	
20h-21h	
21h-22h	
22h-23h	
23h-00h	

Tâches:
-
-
-
-
-

Objectifs:
-
-
-
-
-

Courses à faire:
-
-
-
-
-

Évaluation de la journée en ...% (De 0 à 100)

Cochez l'émoticône de la journée !

Matrice EISENHOWER de priorités

Urgent et Important

-
-
-
-
-
-

Pas urgent et important

-
-
-
-
-
-

Urgent et pas important

-
-
-
-
-
-

Pas urgent et pas important

-
-
-
-
-
-

Rendez-vous :

- Nom/Prénom : ....
- Heure et lieu du RDV : .... - Objet du RDV : ....

- Nom/Prénom : ....
- Heure et lieu du RDV : .... - Objet du RDV : ....

- Nom/Prénom : ....
- Heure et lieu du RDV : .... - Objet du RDV : ....

- Nom/Prénom : ....
- Heure et lieu du RDV : .... - Objet du RDV : ....

- Nom/Prénom : ....
- Heure et lieu du RDV : .... - Objet du RDV : ....

Planificateur stratégique de vie :   Le .. / .. / ....   Semaine : ..

Horaire	Programme
6h-7h	
7h-8h	
8h-9h	
9h-10h	
10h-11h	
11h-12h	
12h-13h	
13h-14h	
14h-15h	
15h-16h	
16h-17h	
17h-18h	
18h-19h	
19h-20h	
20h-21h	
21h-22h	
22h-23h	
23h-00h	

Tâches:
-
-
-
-
-

Objectifs:
-
-
-
-
-

Courses à faire:
-
-
-
-
-

Évaluation de la journée en ...% (De 0 à 100)

Cochez l'émoticône de la journée !

Matrice EISENHOWER de priorités

Urgent et Important	*Pas urgent et important*
- - - - - -	- - - - -
Urgent et pas important	*Pas urgent et pas important*
- - - - -	- - - - -

Rendez-vous :

- Nom/Prénom : ....
- Heure et lieu du RDV : .... - Objet du RDV : ....

- Nom/Prénom : ....
- Heure et lieu du RDV : .... - Objet du RDV : ....

- Nom/Prénom : ....
- Heure et lieu du RDV : .... - Objet du RDV : ....

- Nom/Prénom : ....
- Heure et lieu du RDV : .... - Objet du RDV : ....

- Nom/Prénom : ....
- Heure et lieu du RDV : .... - Objet du RDV : ....

Horaire	Programme
6h-7h	
7h-8h	
8h-9h	
9h-10h	
10h-11h	
11h-12h	
12h-13h	
13h-14h	
14h-15h	
15h-16h	
16h-17h	
17h-18h	
18h-19h	
19h-20h	
20h-21h	
21h-22h	
22h-23h	
23h-00h	

Tâches:

-
-
-
-
-

Objectifs:

-
-
-
-
-

Courses à faire:

-
-
-
-
-

Évaluation de la journée en ...% (De 0 à 100)

Cochez l'émoticône de la journée !

Résultats, progrès et Objectifs de la semaine

Mesurer vos résultats et vos progrès avec précision; vous fixer des objectifs clairs,
savoir prioriser vos actions, garder un état d'esprit positif,
mettre fin à la procrastination et adopter de puissantes habitudes
pour vivre la vie et les affaires que vous aimez.

Comment étaient vos résultats cette semaine ?

....

Avez-vous progressez ? ....

Si « Non », pourquoi vous n'avez pas progressez ?

....

Avez-vous utilisez tous vos talents pour atteindre vos objectifs ?

....

Avez-vous adoptez de nouvelles bonnes habitudes pour gagner en performance, renforcer votre vision et votre équilibre personnel ?

....

Quels sont vos prochains plans d'actions ? (Stratégies)

- ....

- ....

- ....

- ....

- ....

Contrat de changement

Système R.P.M

(Résultat/ Pourquoi / Plan action Massif)

A la fin d'une remise en question de votre manière de gérer le temps,

il est bon que vous preniez 5 minutes pour synthétiser votre plan d'action.

Ce que vous allez faire pour mieux maîtriser le temps.

Qu'est ce que je veux changer? (Quelques phrases maximum)

....

....

Dans quel délai?..

Pourquoi je le fais? (Qu'est ce que j'attends de ce changement?)

....

Quels sont les moyens que je me donne?

....

évaluation de la semaine

	Jour 1	Jour 2	Jour 3	Jour 4	Jour 5	Jour 6	Jour 7
100%							
90%							
80%							
70%							
60%							
50%							
40%							
30%							
20%							
10%							
0%							

L'araignée : Les 8 piliers de la performance.

Donnez pour chaque pilier un pourcentage de 0 à 100% pour créez votre propre toile d'araignée !

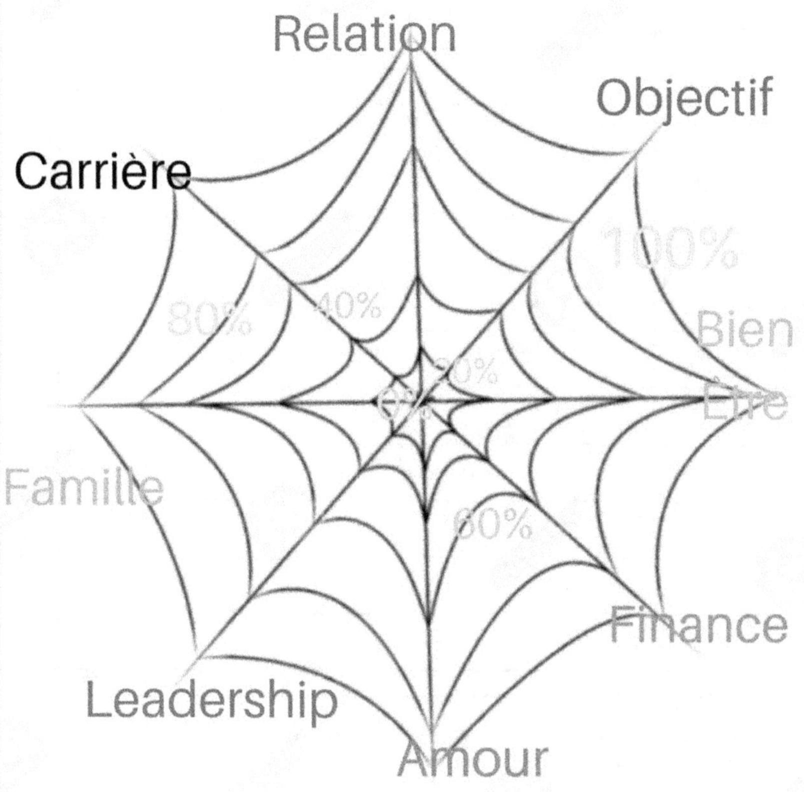

Évaluation du Mois :

	Semaine 1	Semaine 2	Semaine 3	Semaine 4
Note sur 10				

Talal EL Qoraïchi : Coach, Stratège en Leadership et Développement Humain.

Question	Jamais	Parfois	Souvent	Toujours	Résultat
1- Préparez vous vos affaires la veille pour le lendemain?					
2- Vous arrive-t-il d'être en retard à un rendez-vous?					
3- Passez-vous beaucoup de temps à rechercher les affaires dont vous avez besoin?					
4- Avant chaque journées, vous réservez vous un moment pour planifier vos activités?					
5- Attendez vous le dernier moment pour faire votre travail de formation?					
6- Arrivez-vous toujours à terminer ce que vous avez entrepris?					
7- Votre table de travail est-elle encombrée?					
8- Vous arrive-t-il d'être complétement débordé de travail?					
9- Durant la semaine, respectez vous le plan de travail que vous vous êtes fixé?					
10- Trouvez vous le bon dosage entre activités professionnelles et loisirs?					
11- Vous arrive-t-il de rendre un travail en retard?					
12- Etes vous déçu des résultats de ce que vous entreprenez?					
13- Vous est-il difficile de vous décider à agir?					
14- Notez-vous vos rendez-vous et vos activités sur un agenda?					
				Total	

Auto-évaluation : Donner une note de "0" jusqu'à "3" pour chaque case.
Résultats : Faites vous calcule et trouvez votre "Interprétation de votre score final"

Plus de 34 points : Bravo! Vous êtes quelqu'un d'organisé ayant une bonne maîtrise de son temps.

De 28 à 34 points : Vous vous efforcez de maîtriser votre temps et vous disposez de certains éléments d'efficacité. Mais vous n'arrivez pas encore à faire tout ce que vous aimeriez faire.

De 22 à 28 points : Vous faites parfois des efforts pour vous organiser et maîtriser votre temps, mais vous n'êtes pas assez convaincu de son importance.

Moins de 22 points : Vous vous laissez trop entraîner par les événements.
Il faut remettre de l'ordre dans vos comportements si vous voulez devenir efficace.

Le décollage :
Prêt pour le décollage? *Vous savez ...*
Votre succès ne dépend que de vous.
Alors foncez!
Montrez leur ce dont vous êtes vraiment capable !
Et n'oubliez pas que dormir c'est pour les pauvres !
Dans vingt ans vous serez déçus
par les choses que vous n'avez pas faites!
Alors mettez les voiles ! Rêvez! Et découvrez !

Le rêve :
Les rêves font vivre, **quel est votre prochain rêve?**

La vie :
La vie est simple :
- Vous êtes heureux? Continuez!
- Vous n'êtes pas heureux, alors changez quelque chose!
On dit que le plus grand plaisir dans la vie
c'est de réaliser ce que les autres vous pensent incapables de réaliser.
Et pour accomplir de grandes choses, vous devez non seulement rêver
mais aussi agir et faire.. Pas seulement de planifier mais de croire.

Le but :
Il ne faut jamais attacher son but à quelqu'un ou quelque chose.
Albert Einstein a dit : Si vous voulez vivre une vie heureuse,
attachez-la à un but, non à des personnes ou des choses.
Avoir le courage d'entreprendre quelque chose
est l'un des principaux facteurs de succès.
Ce succès ne se mesure pas à la quantité d'argent que vous avez mais à
l'impact que vous avez sur la vie des gens.

Apprendre à donner pour avoir :
On dit "donnez un poisson à un homme et vous le nourrirez pendant
une journée, apprenez-lui à pêcher et vous le nourrirez toute sa vie."
Il faut savoir donner pour avoir "Win win".

Questions à se poser :
D'abord il faut se poser quelques questions pour mieux se connaître :
· Quels sont mes besoins?
· Quelles sont mes envies?
· Quels sont mes talents?
- ... ?

Talal EL Qoraichi : Coach, Stratège en Leadership et Développement Humain.

Le changement :
À un moment vous devez faire ce qui est bon pour vous,
et non ce qui bon pour les autres.
Quand on veut s'améliorer dans un domaine de sa vie, déjà il faut
fixer un objectif, trouver une bonne méthode et en faire une habitude.

La volonté et l'action :
Vous devenez la personne qui vous croyez l'être.
Voici 3 choses essentielles pour atteindre vos objectifs :

- *LA VOLONTÉ*
- *LE COURAGE.*
- *L'ACTION.*

Commencez où vous êtes! Utilisez ce que vous avez!
Et faites ce que vous pouvez !
Il est toujours possible d'influer sur le cours des événements,
alors apprenez à exploiter votre potentiel,
à donner le maximum de vous même.. Le reste suivra..
Arrêtez de parler et commencez! Et au lieu de parler problèmes
concentrez-vous sur les recherches de solutions.

Quand on pense positif,
On trouve des solutions à tout.
Façonnez votre caractère !
Et augmentez votre succès!
Ce qui fait la différence entre les gagnants et les perdants,
c'est la capacité de faire face aux problèmes.

Voici quelques stratégies et plans pour changer votre façon de penser,
de réagir et d'agir :

+ Façons d'agir :
- Certains habitudes : Cesser de fumer/ Boire/ Remettre les choses au
lendemain.

+ Façon de réagir :
- Confiance en soi.
- Dominer ses peurs.
- Se sentir plus heureux.

Éviter les personnes toxiques :

Et surtout évitez les gens négatifs!
Ils ont toujours un problème pour chaque solution.
N'écoutez pas ceux qui nous disent qu'on n'y arrivera pas,
ils ont peur qu'on fasse mieux.
Et méfiez-vous des "on m'a dit" car un jour, un muet a dit à un sourd
qu'un aveugle le regardait ! Rêvez grand !

Ne laisser jamais une mauvaise période vous faire croire que vous avez une mauvaise vie :

Quelque soit la nature de vos échecs passés, seuls vos actes présents
comptent quand il s'agit de façonner votre destinée.
Même la plus grande épreuve ne peut arrêter l'homme
qui comprend qu'il mérite mieux.
Même si vos propres difficultés vous paraissent insurmontables
vous pouvez réellement changer le cours de votre vie.

Comportement avec les autres :

Traitez chaque personne que vous rencontrez comme si elle était la
personne la plus importante que vous rencontrerez ce jour là.

Et n'oubliez pas qu'un sourire coûte moins cher que l'électricité mais
donne autant de lumière.

Être courageux et prendre des risques :

Seulement ceux qui prendront le risque d'aller trop loin
découvriront jusqu'où on peut aller.

Et si vous chantez la beauté, même seul en plein désert vous aurez un
publique.

Vous êtes capable ! alors agissez !

Talal EL Qoraichi

LOI DE DOUGLAS

« Plus on a de place sur son bureau, plus on étale ses affaires ».

LOI DE HOFSTADTER

« Les choses prennent plus de temps que prévu ».

Loi de glissement de planning ou vrille

LOI DE ILLICH

« Au-delà d'un certain seuil, l'efficacité humaine décroit, voir devient négative ».

LOI DE LABORIT

Le comportement humain nous incite à faire en premier ce qui nous fait plaisir.

Au travail, nous avons tendance par instinct

à « chercher la satisfaction immédiate » et « à fuir le stress ».

Loi du moindre effort

PRINCIPE DE PARETO

80% des effets sont le produit de 20% des causes. Ce qui veut dire que

80% des résultats découlent de seulement 20% du travail.

LOI DE CARLSON

« Un travail réalisé en continu prend moins de temps et d'énergie

que lorsqu'il est réalisé en plusieurs fois ».

Cela signifie que les interruptions sont mauvaises pour la productivité.

LOI DE PARKINSON

« Le travail s'étale de façon à occuper le temps disponible pour son achèvement ».

Talal EL Qoraichi est un Coach / Stratège en Leadership et Développement Humain, il est aussi conférencier en développement personnel, **fondateur du programme Coaching Intelligence Academy et la méthode Quasar.** Talal EL Qoraichi est un Coach / Stratège en Leadership et Développement Humain, il est aussi conférencier en développement personnel, **fondateur du programme Coaching Intelligence Academy et la méthode Quasar.**

Médiateur en entreprise, coach d'équipe, de politiciens et de dirigeants, conseillé en communication, il a pu donner naissance à « **Agenda Coaching** » (Un outil très puissant) en 2019 et "**Jirai provoquer la tempête**" en 2020 aux Éditions-Vie.

Parcours riche en expériences et formation dans le domaine du coaching en Afrique et dans les pays européens complétées par des **études supérieurs de psychologie cognitive.**

Depuis les 10 dernières années la passion de Talal EL Qoraichi, expert en **psychologie du leadership** et coach professionnel, est d'aider les gens et les entreprises à maîtriser les stratégies de l'engagement maximal avec détermination, de leur permettre de passer au niveau supérieur dans la mise en œuvre de leur vision et de leurs projets de croissance.

Il est considéré comme le chef de file **arabophone** des conférenciers en **stratégie du leadership**, entrepreneurship dans l'arabophonie. Il est aussi appelé par ses participants **"le coach du peuple"** pour avoir formé nombre de professionnels et aidé des milliers de personnes notamment grâce à ses **programmes de formation.**

Ayant souffert lui-même durant son enfance de manque d'argent et **élevé dans un quartier défavorisé**, il consacre une grande partie de son énergie à redonner à ceux qui en ont le plus besoin.

Notre équipe est passionnée de **psychologie**, de **leadership** et d'**entrepreneurship**. Nous regroupons dans nos programmes des experts de plusieurs domaines, de la **psychologie** et l'entrepreneuriat, au **marketing** à la **communication** en passant par les finances.

Nous abordons les défis auxquels font face les **entreprises** selon le dénominateur humain : en transformant les peurs en pouvoir, les rêves en réalité, en abordant les émotions comme des alliés plutôt que comme des nuisances et en favorisant des **prises de décision** éclairées et efficaces, nous enrichissons le leadership des **entrepreneurs** et **intrapreneurs** et orientons les **entreprises** de manière à capitaliser sur leur plus grande ressource.

Soyez une personne à part entière, un leader dans votre vie !

La plupart des gens hésitent lorsqu'il s'agit d'investir en eux-mêmes, **mais le plus bel investissement** que vous pouvez faire **c'est en** vous.

Tous ces environnements ont besoin de vous maintenant, d'**un meilleur vous maintenant** pour vous aider **à utiliser pleinement vos talents et à dépasser vos obstacles intérieurs.**

Argent - Couple - Prise de décision - Confiance en soi - Gestion de temps - Leadership - Gestion de stress - Vaincre la peur - Prendre la parole en publique et débattre - Neuro et Psycho-marketing - Branding - ...

Et bien d'autres choses ... ☺

Et vous, quel <u>*leader*</u> *souhaitez-vous être après cette crise ? À vous de le découvrir !*

Enfin, le Coach <u>**Talal EL Qoraichi**</u> propose **une formation** sous forme de supervision sur le thème **"<u>Coaching méthode Quasar</u>"**, elle s'adresse aux étudiants, aux entrepreneurs, auto-entrepreneurs, aux cadres, responsables RH, formateurs ou Coachs.

☐ **Pour toutes informations complémentaires n'hésitez pas à nous contacter :**
00 212 6 36 6767 06
talal.elqoraichi@gmail.com

Vous pouvez aussi nous contacter sur <u>Whatsapp</u>, ce sera plus simple de vous expliquer de vive voix, bien à vous ! ☺

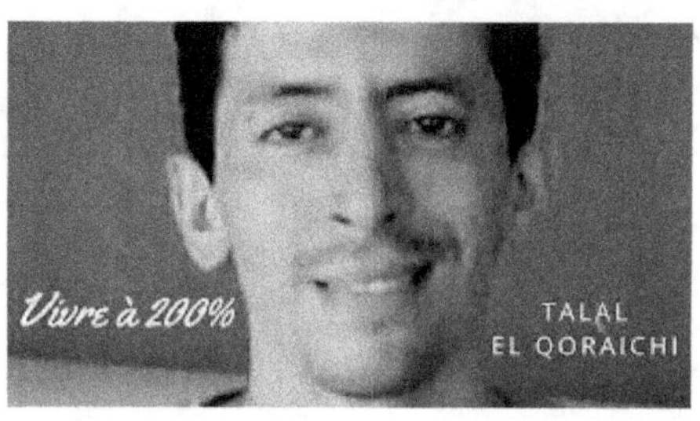

☒ <u>Devenez une référence</u> et un leader aux yeux de vos clients et de vos partenaires.

☒ Apprenez <u>les meilleures stratégies</u> pour enrichir votre vie, vos relations, vos affaires et développer votre carrière.

Prêt à vivre la vie et la carrière de vos rêves ?

Si vous voulez passer au niveau supérieur, vous ne pouvez pas agir comme tout le monde, comme vous l'explique Talal EL Qoraichi dans son livre "J'irai provoquer la tempête"

Pour renforcer votre Leadership

- Ne rien faire.
- Faire quelque chose.
- Nous rejoindre :

« Chaque mois des milliers de personnes visitent notre plateforme et adhèrent au programme Quasar »

Coach Talal

"Vous êtes quelqu'un de bien,

vous pouvez nous aider

à devenir encore meilleur☺"